論理が伝わる 世界標準の「書く技術」

「パラグラフ・ライティング」入門

倉島保美　著

ブルーバックス

装幀／芦澤泰偉・児崎雅淑
カバーイラスト／坂本奈緒
もくじ・本文デザイン・図版／フレア

はじめに

●**世界標準の書き方を学ぶ**

　本書の目的は、世界標準の文章技法であるパラグラフ・ライティングを学習することにあります。

　パラグラフ・ライティングは、論理的な文章を書くための、世界標準の書き方です。 パラグラフは、レポートや論文のような論理的な文章に適した考え方だからです（なぜ適しているかは、本書に詳しく説明してあります）。欧米では、このパラグラフ・ライティングを中心とした論理的な書き方を、大学1年生のときを中心に1年以上にわたって勉強します。

　パラグラフ・ライティングは、学習して初めて習得できます。 パラグラフとは何かを、辞書で調べただけで書けるようになるわけではありません。だからこそ、欧米では、1年以上にわたって勉強するのです。日本では、学校教育でパラグラフを正しく指導していないので、日本人のほぼ全員がパラグラフで文章を書けません。パラグラフ・ライティングを学習しない限り、論理的な文章、世界に通用する文章を書くのは、まず不可能と言っていいでしょう。

●**文章技術はビジネスを左右する**

　文章が効果的に書けるかどうかは、ビジネスを左右しかねません。2つの例をご紹介しましょう。

はじめに

　私は、会社勤めをしていた頃、自社の提案書と他3社の提案書を読み比べてほしいという依頼を受けました。依頼してきた部門は、他社よりも入念に提案書を作成したのに、他社の提案が採用されたことに問題を感じていたのでした。同時に出された4社の提案書を読んで、自社の提案書の問題点を指摘してほしいとのことでした。

　4社の提案書を読み比べ、私が「最もよく書けている」と指摘したT社の提案書が、実際に採用されていました。私は、どの提案書が採用されたかは聞かずに読み比べしたのです。T社の提案書だけが、正しい書き方に近い形で書かれていました。もちろん、正しく書かれていたから採用されたのではありません。正しく書かれていたから、内容がよく伝わった結果、採用されたのでしょう。

　もう1つ、文章が書けないために大きな問題になった事例として、スペースシャトル・チャレンジャーの爆発事故があります。チャレンジャーが爆発事故（1986年）を起こす前に、NASAでは、Oリングという部品の耐性が低いので交換するよう提案したレポートが、エンジニアから提出されていました。しかし、そのレポートは書き方が悪かったために、事態の深刻度が上層部には伝わりませんでした。その結果、問題のOリングがそのまま使われたため、チャレンジャーは爆発に至りました。レポートが正しく書けていれば、チャレンジャーの爆発は防げたかもしれません。

本書の構成と読み方

●この本の構成
　本書は、以下の3部で構成されています。
第1部　なぜ伝わらない、どうすればいい
第2部　パラグラフで書く
第3部　ビジネス実践例

　第1部では、現状の問題とパラグラフの重要性を中心に説明しています。具体的にはまず、なぜ伝わらない文章を書いてしまうのか、なぜ伝わっていると勘違いしているのかという現状の問題点を述べています。次に、パラグラフとはどんなもので、なぜ必要なのかを説明しています。さらに、伝わりやすさがなぜ生まれるかについても説明しています。

　第2部では、パラグラフ・ライティングを7つのルールで説明しています。ここでは、1つのルールを、「書き方のポイント」「具体例」「有効性」「書き方のコツ」「注意すべきこと」「悪い文章と書き直し例」「理解の確認」で構成しています。書き方の説明だけではなく、例文や実践を通じて、より深く正しく理解できるよう配慮しています。

　第3部では、第2部で学んだパラグラフ・ライティングを、ビジネス文章に適用した例ついて説明しています。ここでは、整理できていないデータからビジネス文章を作成

しています。より実践的な状況を設定することにより、パラグラフ・ライティングを深く理解できます。また、文書例を載せるだけではなく、第2部で学んだ7つのルールに基づく形で、どう書いたらよいかを丁寧に説明しています。

●この本の読み方

本書は、本書で説明している書き方で書かれています*1。そのため、本書は簡単に飛ばし読みできます。

本書は、その説明そのものが、「第2部　パラグラフで書く」で説明している7つのルールに基づいて書かれています（次ページの図参照）。文章中の各階層では、先頭の総論のパラグラフが、その階層を総括しています。総論の後は、1つのトピックを1つのパラグラフで述べることでロジックを伝えています。パラグラフの先頭では、要約文を述べ、それに続けて補足情報を述べています。各パラグラフは要約文によって、しっかりと接続されています。

そこで本書を読むにあたっては、各階層の先頭にある総論のパラグラフを読んで、詳しく知る必要がないと判断したら、その階層ごと飛ばしてください。詳しく知りたいと思う場合は、その階層を読み進みます。本書では、総論の

---

*1　本書の中にあるコラムだけは、本書で説明している書き方で書かれていない場合があります。なぜなら、コラムはエッセーのような読み物として書いているからです。

パラグラフは**丸ゴシック体**で表記してあります。ただし、総論のパラグラフは、その階層が小さくて、わずかな時間で概略がつかめる場合は、省略してあります。なお、総論のパラグラフが何かについては、「第 2 部　パラグラフで書く」の「1 総論のパラグラフで始める」(46 ページ参照)で詳しく解説しています。

第 2 部　パラグラフで書く

1.3 有効性

　文章を総論のパラグラフで始めると、主に次の 4 つの効果が期待できます。
- (読み手は)詳細を読み進むべきかを判断できる
- (読み手は)詳細を容易に理解できる
- (読み手は)根拠の正当性を読みながら確認できる
- (書き手は)大事な情報を強調できる

●**読み進むべきかを判断できる**
　文章が総論のパラグラフで始められていれば、読み手は、その文章、その階層を読み進むべきかを判断できます。この判断は、タイトルだけではできません。

　読み手は、自分の手元に来た文章をすべて読み進もうとしているわけではありません。読み進まなければいけない文章もあれば、概略だけ知っていれば十分な文章も多くあります。必要な部分だけ読めばいい文章もあります。読み進むべきかの判断は、同じ文章でも、読み手の職位や仕事の内容によって変わります。

　総論のパラグラフが先頭にあれば、読み進む価値があるかが即座に判断できます。総論のパラグラフの内容から、「この文章には自分にとって必要な情報が書かれている」と判断したら、先を読み進めばいいわけです。大事な情報が最後にだけ書かれていたのでは、読み手は全部を読んだ後、「なんだ、こんな内容ならこんなに丁寧に読む必要は

48

（注釈）
- 「1.3 有効性」という階層の総論
- 「●読み進むべきかを判断できる」という階層の総論
- 各論のパラグラフ
- 要約文
- 各論のパラグラフ
- 要約文

本書の構成と読み方

　次に、階層の中を読み進もうとする場合、各パラグラフの先頭にある要約文を読んで、詳しく知る必要がないと判断したら、そのパラグラフは飛ばしてください。詳しく知りたいと思う場合は、そのパラグラフを読み進みます。本書では、要約文は**太字**で表記してあります。なお、要約文が何かについては、「第2部　パラグラフで書く」の「3　要約文で始める」（96ページ参照）で詳しく解説しています。

　本書は、このように飛ばし読みすることを前提に書いています。すべてを端から端まで読むと、予備知識が豊富な人や理解力の高い人には、説明が丁寧すぎると感じるかもしれません。また、そういう人は、意図的に繰り返されている説明や表現がくどいと感じるかもしれません。そのように感じた場合は、先に説明した手順で読み飛ばしてください。

もくじ

はじめに 3
本書の構成と読み方 5

第1部 なぜ伝わらない、どうすればいい 13

1 伝わらない文章がいっぱい……14
- 1.1 本当に伝わっているか 14
- 1.2 勘違いをしていないか 18
  - **コラム**>>>管理職だって書けない 21
- 1.3 なぜ伝わらない 22
  - **コラム**>>>欧米のビジネス書に騙されるな 25

2 なぜパラグラフなのか……26
- 2.1 パラグラフとは 27
- 2.2 パラグラフで書く意味 30
  - **コラム**>>>国際学会でその差は一目瞭然 33
- 2.3 パラグラフは世界標準の書き方 34

3 分かりやすさの基礎……36
- 3.1 メンタルモデルを意識する 36
- 3.2 強調のポジションを活用する 42
  - **コラム**>>>文章とスピーチの情報順の違い 43
- 3.3 情報を絞る 44

第2部 パラグラフで書く 45

1 総論のパラグラフで始める……46
- 1.1 書き方のポイント 46
- 1.2 具体例 47
- 1.3 有効性 48

- 1.4 書き方のコツ　54
- 1.5 注意すべきこと　62
  - **コラム**>>>ステップ・バイ・ステップなら総論は不要？　65
- 1.6 悪い文章と書き直し例　66
  - **コラム**>>>週報にも総論のパラグラフを書こう　69
- 1.7 理解の確認　70

2　1つのトピックだけを述べる　74
- 2.1 書き方のポイント　74
- 2.2 具体例　75
- 2.3 有効性　76
  - **コラム**>>>パラグラフで書く習慣　81
- 2.4 書き方のコツ　82
  - **コラム**>>>すべてのパラグラフに見出しが付く　85
- 2.5 注意すべきこと　86
- 2.6 悪い文章と書き直し例　90
- 2.7 理解の確認　92

3　要約文で始める　96
- 3.1 書き方のポイント　96
- 3.2 具体例　97
- 3.3 有効性　98
- 3.4 書き方のコツ　100
  - **コラム**>>>要約文がうまく書けないときは　105
- 3.5 注意すべきこと　106
- 3.6 悪い文章と書き直し例　108
- 3.7 理解の確認　110

4　補足情報で補強する　114
- 4.1 書き方のポイント　114
- 4.2 具体例　115
- 4.3 有効性　116

コラム >>> 補足情報は文学でも使われる　119

- 4.4 書き方のコツ　120
- 4.5 注意すべきこと　122
- 4.6 悪い文章と書き直し例　124
- 4.7 理解の確認　126

5　パラグラフを接続する　132

- 5.1 書き方のポイント　132
- 5.2 具体例　133
- 5.3 有効性　134
- 5.4 書き方のコツ　136

　　コラム >>> 上司は部下のレポートを全部読むべき　139

- 5.5 注意すべきこと　140

　　コラム >>> 文章が分かりやすいと怒られる？　143

- 5.6 悪い文章と書き直し例　144
- 5.7 理解の確認　146

　　コラム >>> 第3の関係　149

6　パラグラフを揃えて表現する　150

- 6.1 書き方のポイント　150
- 6.2 具体例　151
- 6.3 有効性　152
- 6.4 書き方のコツ　154
- 6.5 注意すべきこと　156
- 6.6 悪い文章と書き直し例　158
- 6.7 理解の確認　160

　　コラム >>> 表か、箇条書きか、文章か　165

7　既知から未知の流れでつなぐ　166

- 7.1 書き方のポイント　166
- 7.2 具体例　167
- 7.3 有効性　168

コラム >>> 能動態か受動態かは意識しない　173
　　7.4　書き方のコツ　174
　　　　コラム >>> わざと未知の情報を文頭に出す　177
　　7.5　注意すべきこと　178
　　7.6　悪い文章と書き直し例　180
　　　　コラム >>> 補足情報は日常の携帯メールでも大事　181
　　7.7　理解の確認　182

第3部　ビジネス実践例　185

1　通知文　186
　　1.1　状況設定と元になる情報　186
　　1.2　文書例　189
　　1.3　解説　192
　　　　コラム >>> プレゼンテーションへの応用　199

2　技術レポート　200
　　2.1　状況設定と元になる情報　200
　　2.2　文書例　202
　　2.3　解説　205

3　社外文書　212
　　3.1　状況設定と元になる情報　212
　　3.2　文書例　214
　　3.3　解説　217

おわりに　223
索引　224

第1部

なぜ伝わらない、どうすればいい

　世間には伝わらない文章がたくさんあります。書いた本人は伝わっていると思っていても、実際には伝わっていないことはよくあります。伝わる文章を書くにはパラグラフという概念が重要です。さらに、伝わりやすさがなぜ生まれるかを知っておくことも重要です。

第1部　なぜ伝わらない、どうすればいい

1 伝わらない文章がいっぱい

この章のPOINT

書いた本人は、伝わったつもりでいても、実際には伝わっていない文章はたくさんあります。書き手が伝わったと勘違いしているのです。伝わる文章を書くには、正しい学習が必要です。自然に上手になることはありません。

1.1 本当に伝わっているか

伝わる文章を書いていますか？ 伝わる文章は、次の3つの条件を満たしています。

1. 大事なポイントが30秒で伝わる
2. 詳細もごく短い時間で読める
3. 内容が論理的で説得力を持つ

●ポイントが30秒で伝わるか

伝わる文章は、大事なポイントを30秒で伝達できます。結果や結論が最後まで分からないのでは、伝わる文章とは言えません。

読み手は、まず、その文章を読み進むべきか、読むとすればどの程度の優先度なのかを判断します（**次ページの図参照**）。読み手は、手にした文章のすべてを、手にした順に読んでいくわけではありません。詳細まで読まなければならない文章もある一方、概略だけで十分と思う文章もた

くさんあります。今すぐ読むべき文章もあれば、今週中に読めばいいと判断する文章もあります。どんな文章であろうと、決して全員が詳細まですべてをその場で読むわけではありません。

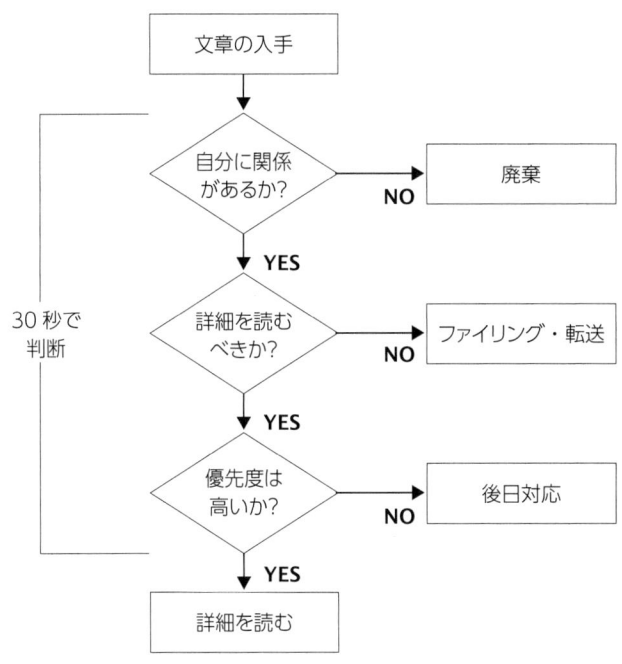

この判断が素早くできるよう、伝わる文章では、大事なポイントが30秒で分かることが必要です。多くの管理職が、読み進むべきかや優先度が高いかを、30秒くらいで判断すると言われています。この判断に何分もかけるわけにはいきません。管理職なら、1日に数十から百数十の文書（メールも含む）を受け取っていることは珍しいことでは

ありません。しかし、この判断は、文章のタイトルだけではできません。そこで、最初の約30秒と言われるのです。

　最初の30秒で判断することは、読み手の職位が上がれば上がるほど重要です。なぜなら、職位の高い人には報告が集まるからです。情報を効率よく処理しなければ仕事が進みません。最初の30秒でポイントが伝わらないような報告では、「結局、君は何が言いたいんだ。結論から言え」と大目玉を食らうことになります。

　しかし、同じ文章でも学業の文章なら、読み進むべきかどうかの判断をする必要はありません。なぜなら学業の文章は、成績をつけるために先生が必ず読むのを前提にしているからです。読み手が1人に限定されていて、必ずすべてを読むのを前提とした学業の文章と、誰がどんな読み方をするか分からないビジネス文章では書き方も変わります。

●詳細をごく短い時間で読めるか
　伝わる文章は、たとえ詳細説明の部分であっても、ごく短時間で読めます。時間をかけて読まなければならないのでは、伝わる文章とは言えません。

　読み手はできる限り短い時間で文章を読みたいと思っています。と言うより、そもそも読み手は文章を読みたいなどとは思っていません。読みたくはないが、そこに書いてある情報を入手しなければならないので、仕方なしに文章を読んでいるのです。嫌々読んでいるのですから、できる

限り短い時間で読みたいと思う心理は自然です。

　短い時間で読めるよう、伝わる文章では、読むべきところと読む必要のないところが、はっきりと分かることが必要です。必要な情報かどうかは、読み手によって変わります。ベテラン社員から見れば説明不要な情報も、若手社員から見れば説明が必要な場合があります。自分にとって必要な情報だけを読めれば、効率よく情報を入手できます。

●**論理的で説得力はあるか**
　伝わる文章は、結論を導くロジックが論理的で説得力があります。ロジックがよく分からない、あるいはロジックに裏付けがないのでは、伝わる文章とは言えません。

　文章によっては、読み手はその文章から意思決定をしなければなりません。たとえば、提案書や分析レポートです。提案書なら、その提案を採用するかどうかを、分析レポートなら、その分析を元にどんな行動を起こすべきかを判断しなければなりません。

　意思決定ができるよう、伝わる文章では、明確なロジックとそのロジックに対する納得感が必要です。明確なロジックを伝えるには、そのための書き方があります。漫然と書いてもロジックは伝わりません。また、ロジックに対して納得感を持ってもらうには、ロジックを裏付ける情報が必要です。しかし、情報を思いつくままに記載しても、ロジックを裏付けたことにはなりません。

1.2 勘違いをしていないか

多くの人は、自分の文章は伝わると勘違いしています。次のような勘違いをしてはいないでしょうか。

1. 自分が読むと分かりやすいから、他人が読んでも分かりやすいはずだ
2. 伝わらないのは、読み手が正しく読まないからだ
3. 教わったように書いたから分かりやすいはずだ

●自分の感覚を過信していないか

自分が読むと分かりやすいからと言って、他人が読んでも分かりやすいわけではありません。文章は、分かりやすいという感覚ではなく、理屈で書くのです。

書き手は、自分の文章を人より分かりやすく読めます。 なぜなら、書き手だけは、読む前から、結果も結論も説明の流れもすべて知っているからです。さらには、文章に書いていない情報まで頭に入れているからです。この予備知識が邪魔をして、分かりにくい文章も分かりやすく読めてしまうのです。

しかし、読み手は、書き手が分かりやすいと思った文章を、分かりにくいと感じる場合があります。 なぜなら、読み手は、予備知識がほぼない状態から読み始めるからです。読み手は、書いてあることを書いてある順に、頭にインプットしていきます。結果や結論が最後まで書かれていないなら、読み手は、結果や結論を知らないまま文章を読

み進まなければならないのです。

　書き手は、自分の感覚を信じられない以上、書き方の理屈に従うのが安全です。分かりやすいという感覚は、十中八九、理屈に落とせます。この理屈を勉強すれば、感覚に頼ることなく、分かりやすい文章が書けます。

●読み手に責任転嫁していないか
　伝わらないのは、読み手ではなく、書き手の責任です。伝わらないことを、読み手の読解力のせいにするのではなく、なぜ伝わらないのかを反省すべきです。

　文章のような一方通行のコミュニケーションでは、コミュニケーションの責任は発信者側にあります。なぜなら、伝わらなくて一番困るのは、書き手側だからです。たとえば、自社製品の特長が伝わらないために、顧客が明らかに質の劣る他社製品を買ったとしましょう。一番困るのは、ビジネスをロストした書き手なのです。

　コミュニケーションの責任を読み手に転嫁してはいけません。「しっかり読めば分かるでしょ」「このくらいのことが分からないのか」と考えてはいけません。しっかり読まなければ分からないような文章ではダメなのです。ざっと読んでも分からなければなりません。読み手がその文章を理解できないなら、悪いのは書き手です。

　したがって、伝わらなかったときは、自分の文章のどこ

がまずいかを考えなければなりません。読み手全員に正しく理解してもらうにはどう書けばよいかを考えましょう。伝わらなかったことは、文章の質が低いことを示すフィードバックなのです。このフィードバックが文章力を上達させるのです。

●誤った指導を鵜呑みにしていないか

　上司に教わったこと、ビジネス書に書いてあったことが正しいとは限りません。学問であるテクニカル・ライティングに基づく書き方を学ぶべきです。

　上司やビジネス書から学んだことが正しいとは限りません。上司の多くは、論理的な書き方をしっかり勉強したことはないでしょう。ビジネス書の著者も、勉強した経験がないと思われる方が大半です。上司やビジネス書は、単に自分の好みの書き方を押しつけているだけかもしれません。また、昔は正しいと思われていた書き方も、近年になって否定されていることもあるのです。

　したがって、指導者の好みの書き方ではなく、学問的に裏打ちされた書き方を学ぶ必要があります。論理的な文章の書き方は、欧米で「テクニカル・ライティング」や「テクニカル・コミュニケーション」として学問化されています。そこでは、どう書けば分かりやすくなるかが研究され、基本的な部分では合意ができています。こういった学問に裏打ちされた書き方を学習すべきです。

コラム >>> **管理職だって書けない**

「文章が書けない」と言うと、若手社員を連想するかもしれません。しかし、実は年配の方も、管理職であっても、文章は書けないのです。

かつて私が勤めていた会社で、社長がある宿題を管理職全員に出しました。その宿題とは、ある雑誌に掲載されていた、トヨタ自動車の経営に関する記事を読んで、「トヨタ流を自分のビジネスにどう生かせるか」を、1枚のレポートにまとめよというものでした。

ほとんどの管理職がそのレポートを提出しました。その会社の管理職は、若い人で37歳前後、年配の方は、当然50歳代。平均すれば40歳中頃です。

社長は、そのレポートをおおむね読んで、その感想を社内のホームページにアップしました。

社長が述べた感想の一番に書いてあったのは、「もっと文章を勉強しなさい。何が言いたいのか分からない」というものでした。20年前後も勤め、管理職になって、社長宛に、1枚のレポートを書いて、「何が言いたいのか分からない」のです。

年配の方でも、文章は意外と書けないものです。文章力は経験では上達しないのです。

第1部　なぜ伝わらない、どうすればいい

1.3 なぜ伝わらない

多くの人が、伝わる文章を書けないのは、次のような理由によります。
1. 基本を勉強していない
2. 経験を積めば書けると思っている
3. 従来の学習方法に問題がある

●基本を勉強していない
伝わらない文章を書いてしまうのは、論理的に書くことを勉強したことがないのが原因です。

日本の学校教育では、論理的に書くことを学習する機会はほとんどありません。中学、高校はもちろんとして、大学でも、学生にレポートを書かせますが、レポートの書き方という講義はありません。私が、大手企業の新入社員数百人に尋ねたところ、大学でレポートや論文の書き方の授業を受けたことがあるのは、わずか1％程度でした。

書き方を知らなければ、書けるはずもありません。書き方が分からないので、先輩や友人のレポートを、見よう見まねで書いているだけです。その書き方が、正しいかは判断できません。結局、おかしな書き方を代々引き継いでいるだけになりかねません。

●経験を積めば書けるようになると思っている
伝わらない文章を書いてしまうのは、たくさん書けば自

然と身につくと思い込んでいることも原因です。文章はたくさん書いても上達しません。

　多くの方が、文章力は経験とともに上達すると思っています。つまり、たくさん書けば上達すると思っているのです。年配のビジネスパーソンが、「文章の書き方？ そんなの新入社員向けの勉強だろ」と文章の勉強を軽んじていることはよくあることです。

　しかし、経験とともに上達するにはフィードバックが必要です。自分のアウトプットの質が高いか低いかを、客観的にフィードバックされると、経験とともにスキルは上達します。たとえば、営業や開発のスキルです。営業では営業成績で、開発では製品の性能などが、客観的なフィードバックです。自分のアウトプットの質が低ければ、勉強したり、人のよいところを取り込んだりして努力します。その結果として質が上がれば、上がったことがフィードバックで確認できます。この繰り返しでスキルが上がるのです。

　ところが、文章には基本的にフィードバックはありません。多くの文章は、書いたら書きっぱなしです。自分の文章の質が高いのか低いのかは、客観的には分かりません。自分の文章が、他の人より勝(まさ)っているのか、数年前と比べて上達したのかなどは、一切分かりません。

　フィードバックがなければ、質の低い文章を、ずっと書き続けているだけなのです。だから、管理職になっても、

社長から見れば、「何が言いたいのか分からない」文章を書いてしまうのです（コラム「管理職だって書けない」：21ページ参照）。このことは、企業の管理職だけではなく、大学の先生でも同じです。大学の先生といえども、学習せずに、ただ大量に書いているだけなら、分かりにくい文章を大量生産しているに過ぎません。

●従来の学習方法に問題がある

　伝わらない文章を書いてしまうのは、文レベルの学習をしているのも原因です。文を改善しても、文章の質は向上しません。

　日本語として正しい文を書くことは大事なことですが、それで分かりやすくなるわけではありません。正しい文を書くとは、「主語と述語を合わせる」とか、「読点を正しく打つ」のような、日本語文法に関わる文章技法です。文法に若干のミスがあっても、内容は伝わります。文章を読んで、分かりにくいと感じるのは、文法上の問題ではありません。

　同様に、文をブラッシュアップすることも、文章の分かりやすさにはあまり関係ありません。文をブラッシュアップするとは、「重ね言葉は避ける」とか、「漢字を使いすぎない」のような文章技法です。洗練された文で書くに越したことはありません。しかし、「一番初めに」と重ね言葉が使われていたからといって、それで文章が分かりにくくなるわけではありません。

コラム >>> 欧米のビジネス書に騙されるな

　欧米のビジネス書では、論理的な文章の書き方となると、ロジック構築が中心です。しかし、その指導に騙されてはいけません。

　欧米で出版されるライティングに関するビジネス書では、ロジック構築に関わる内容が多いです。たとえば、「ピラミッドでロジックを組みましょう」とか、「モレなく、ダブりなくまとめましょう」という内容です。内容的には優れていますので、翻訳した本が、日本でもベストセラーになることがあります。

　欧米のビジネス書でロジック構築が中心なのは、読み手が論理的な表現技術を学校教育で学んでいるからです。学校で学んだことをビジネス書にしても売れません。ビジネス書として価値を持たせるために、ロジック構築を中心にしているのです。

　学校教育で表現技術を学んでいない日本人は、まず論理的な表現技術を学ぶべきです。表現技術を学んで初めて、欧米のビジネスパーソンと同じスタートラインに立てるのです。つまり、参考にすべきは、欧米のビジネス書ではなく、まずは欧米の学校の教科書です。

　表現技術を学んでから、ロジック構築技術に進むべきでしょう。

第1部　なぜ伝わらない、どうすればいい

2　なぜパラグラフなのか

この章のPOINT

論理的で分かりやすい文章は、パラグラフという文章単位で構成します。パラグラフを使うと、文章が伝わりやすくなり、速読できるようにもなります。パラグラフを使った書き方は、事実上の世界標準です。

2.1 パラグラフとは

パラグラフでは、1つのトピックを1つのレイアウト固まり（パラグラフ）で表現します。パラグラフは、段落や階層とは異なります。

●パラグラフの定義

パラグラフとは、1つのトピックを説明した文の集まりのことです。1つのトピックが1つのパラグラフに対応します。2つのトピックを1つのパラグラフに押し込んではいけません。逆に、1つのトピックを2つのパラグラフに分けてもいけません。

パラグラフは、原則として、1つの要約文と、複数の補足情報の文で構成します（次ページの図参照）。要約文とは、そのパラグラフのトピックを表明した文です。この要約文はパラグラフの先頭に置きます。補足情報の文とは、そのトピックを、より詳しく説明した文です。この補足情

報の文を、要約文の後に続けて複数置きます。補足情報の文は、時には図表を使うこともあります。

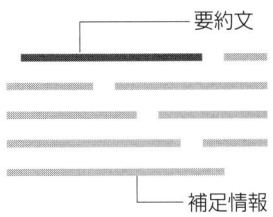

要約文
補足情報

● **パラグラフは段落とは違う**

　パラグラフと段落は似ていますが、パラグラフは、1トピック限定で、要約文があるところが違います。

　段落の概念は、パラグラフとよく似ています。段落とは、広辞苑（第6版 岩波書店）によると、「①長い文章中の大きな切れ目。段。②転じて、物事のくぎり」です。つまり、段落は本来、切れ目や区切りであって、文の集まりではありません。しかし、ウィキペディア（http://ja.wikipedia.org）によると、段落とは、「文章における1ブロックのことであり、通常は複数の文によって構成される」と定義されています。この定義なら、パラグラフにかなり近いです。

　しかし、パラグラフには、1つのトピックを述べるという決まりがあります。段落には、そのような明確な決まりはありません。そこで、パラグラフと同じ意味を指すために、国語教育では意味段落という言葉が用いられるときがあります。意味段落なら、パラグラフとおおむね同じです。

さらに、パラグラフには、要約文という概念があります。しかし、意味段落には、要約文という概念は明確にはありません。ここが、パラグラフと意味段落の異なるポイントです。

●パラグラフと階層は違う

階層は、パラグラフの上位概念です。階層はパラグラフで構成されます。

文章は階層で構成され、階層はパラグラフで構成されます（下図参照）。さらに、パラグラフは文で構成され、文は単語で構成されています。

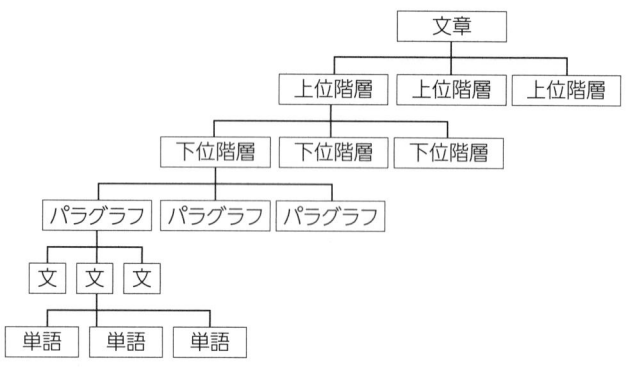

原則として、1つの階層は複数のパラグラフで構成されています。この本を例に取るなら、見出し（例：「●パラグラフと階層は違う」や「2.1パラグラフとは」）がつけられている単位が階層になります。空白行で区切られている文の固まりがパラグラフです。

例外的に、1つの階層に1つのパラグラフしかない場合もあります。短い文章では、よく見かける構成です。しかし、数十ページにもなる文章の場合は、1つのパラグラフが1つの階層になることはあまりありません。

階層が複数集まると、上位レベルの階層を作ります。たとえば、「●パラグラフの定義」というレベルの階層が集まって、「2.1 パラグラフとは」という上位レベルの階層ができます（下図参照）。さらに、「2.1 パラグラフとは」というレベルの階層が集まって、「2 なぜパラグラフなのか」というさらに上位レベルの階層ができます。一般的には、最上位階層を「章」と呼び、その下の階層を「節」、さらにその下の階層を「項」と呼びます。

2.1 パラグラフとは

　パラグラフでは、1つのトピックを1つのレイアウト固まり（パラグラフ）で表現します。パラグラフは、段落や階層とは異なります。

●パラグラフの定義
　パラグラフとは、1つのトピックを説明した文の集まりのことです。1つのトピックが1つのパラグラフに対応します。2つのトピックを1つのパラグラフに押し込んではいけません。逆に、1つのトピックを2つのパラグラフに分けてもいけません。

　パラグラフは、原則として、1つの要約文と、複数の補足情報の文で構成します（次ページの図参照）。要約文とは、そのパラグラフのトピックを表明した文です。この要約文はパラグラフの先頭に置きます。補足情報の文とは、そのトピックを、より詳しく説明した文です。この補足情

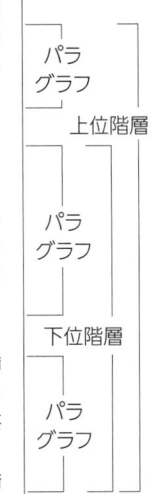

2.2 パラグラフで書く意味

パラグラフを使って文章を書くと、伝わりやすく論理的になります。逆に、論理性の求められない文章には、パラグラフを使う必要はありません。

●トピックとレイアウトの対応が重要

パラグラフの最大の特徴は、トピックとレイアウトが対応していることです。トピックとレイアウトが対応すると、伝わる文章になります。

パラグラフでは、ロジックの構成単位と、文章のレイアウトの固まりを一致させます（下図参照）。1つのトピックは、1つのパラグラフ、すなわち1つのレイアウト固まりに対応します。レイアウトの固まりを1つ進めば、トピックも1つ進むことになります。

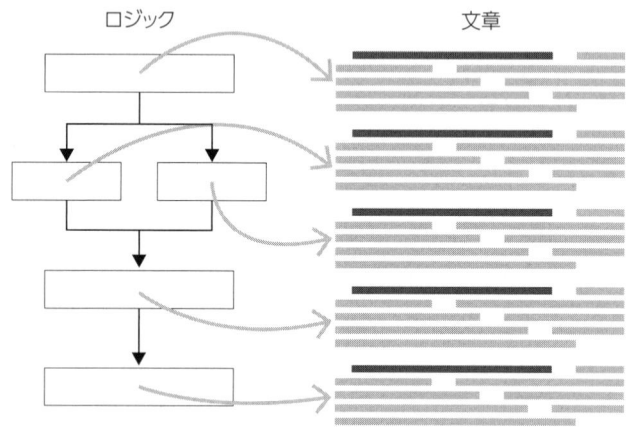

ロジックの構成単位とレイアウトの固まりが一致すると、文章は伝わりやすく、論理的になります。まず、ロジックの単位が視覚的に理解しやすくなります。それだけではなく、レイアウトの固まり単位で飛ばし読みができたり、全体が把握しやすくなってより論理的になったりするメリットもあります。詳細については、「第2部　パラグラフで書く」の「2 1つのトピックだけを述べる」（74ページ）を参照してください。

　パラグラフを使わずに、文の単位で文章を構成（下図参照）してはいけません。1文や2文で次々に改行して文章を書くと、ロジックの構成単位とレイアウトの固まりが一致しなくなります。その結果、伝わりにくくなります。これも詳細は、「第2部　パラグラフで書く」の「2 1つのトピックだけを述べる」（74ページ）を参照してください。

パラグラフで書いた文章　　　　　　　文単位で書いた文章

● **文章の種類によって書き分ける**
　パラグラフは、論理的な文章のための書き方です。論理

的な文章と読み物では、書き方が変わります。

　論理的な文章はパラグラフで書きます。パラグラフは、ロジックを正しく構成し、伝えるのに適しているからです。パラグラフで構成された文章は、速読もできるからです。したがって、ビジネス文章はパラグラフで書きます。

　一方、読み物なら、文の単位で書いてもかまいません。なぜなら、読み物は、読んで楽しむための文章だからです。ロジックを伝える文章ではありません。内容の論理性は、ビジネス文章のようには求められません。さらに、読み手は、その内容を楽しむために全部を読むので、速読できる必要もありません。したがって、小説やエッセーはパラグラフを使う必要はありません。

　しかし、多くの方がこの論理的な文章と読み物の書き分けができません。論理的な文章まで、読み物のような書き方をしてしまうのです。なぜなら、日本では学校教育で論理的な文章の書き方を十分には指導してくれないからです。国語の先生の多くは、「文学の楽しさを子供たちに伝えたい」と思って国語の先生になるのです。論理的な文章に関する指導がなおざりになりやすいのです。

　そこでこの本では、論理的な説明部分とエッセーの部分では、若干書き方を変えています。論理的な説明部分はすべて、パラグラフで書かれています。しかし、エッセーの部分は、内容によってはパラグラフを使っていません。

コラム >>> 国際学会でその差は一目瞭然

かつて、私が会社勤めしていた頃、国際学会に出す論文のチェックを頼まれたことがあります。

チェックを頼まれた論文は、分かりにくく書かれていました。それは当然です。書き手は論理的に書くことを勉強していないので、その論文にはパラグラフという概念がありません。パラグラフではなく、文で文章が書かれていたので、その論文のロジックを理解するには、相当読み込まなければなりませんでした。

参考にいただいた他社論文もチェックしましたが、やはり分かりにくく書かれていました。私が勤めていた会社のライバル会社（日本企業）の論文でした。

しかし、その参考論文の中に、分かりやすく書かれている論文がありました。パラグラフを使って論理的に書かれていたのです。著者を見るとIBMの研究員でした。

論文の合否を決める査読者は、論文を短時間しか読まないはずです。査読者は、一般的には高名な研究者がボランティアで引き受けています。なるべく短時間で査読を終わらせて、自分の研究に戻りたいのです。論文を時間をかけて読み込もうなどとは思いません。

研究内容以前に、勝負あった感じがしました。

2.3 パラグラフは世界標準の書き方

パラグラフを使った書き方は、欧米では学校で学ぶ、事実上の世界標準です。パラグラフで文章が書けないと、国際学会などでは論文が通りにくくなる可能性があります。

●**欧米では学校で学ぶ**

欧米では、パラグラフを使った論理的な文章の書き方を、学校でしっかりと勉強します。

欧米では、論理的な文章の書き方を、学校の授業で学びます。早ければ小学校から学び始めます。遅くても、大学1年生のときに、「アカデミック・ライティング」とか、「フレッシュマン・ライティング」という科目で、論理的な文章の書き方を、半年から1年間（1年間学ぶと授業時間数だけで70時間程度）かけて学びます。大学1年生のときに学習しないと、その後の2、3、4年生、大学院でレポートや論文が書けないからです。

その授業の中心は、パラグラフという概念の勉強です。たとえば、あるアカデミック・ライティングの教科書『Writing Academic English』（Alice Oshima, Ann Hogue 著、Longman社）の構成を見れば、いかにパラグラフの勉強に時間を割いているかが分かります。

Part1	Writing a Paragraph	約100ページ
Part2	Writing an Essay	約50ページ
Part3	Sentence Structure	約100ページ

さらに、欧米の大学では、学生の書いたレポートや論文をチェックしてくれる組織が常設されています。その組織は、ライティング・センターとか、ライティング・ラボラトリと呼ばれます。そこでは、大学院生などのティーチング・アシスタントが、学生のレポートや論文をチェックしてくれます。

●欧米ではライティングは学問

　欧米では、ライティングは学問の一分野です。多くの大学で、テクニカル・ライティング、テクニカル・コミュニケーションというコースが用意されています。そこでは修士号はもちろん、博士号まで取得できることもあります。

●パラグラフは世界標準

　欧米では論理的文章を、パラグラフを使って書くのが標準です。論理的文章とは、ビジネスレポートや学会論文などです。国際学会の論文のほとんどは、パラグラフで書かれています。パラグラフを使っていない論文は、日本人の書いた論文と言っても言い過ぎではありません。

　欧米の標準は、事実上の世界標準と言えるでしょう。もちろん、欧米がいつでも世界の中心ではありません。しかし、多くの分野でその中心であることは認めざるを得ません。まして、パラグラフは、学問として研究された結果として採用されているのです。世界標準に値すると考えるべきでしょう。

第1部 なぜ伝わらない、どうすればいい

3 分かりやすさの基礎

この章のPOINT

ここでは、人間の情報認知に関わる3つのポイントを学習します。この考え方は、この後のパラグラフを使った書き方を勉強するときに、繰り返し出てきます。
- メンタルモデルを意識する
- 強調のポジションを活用する
- 情報を絞る

3.1 メンタルモデルを意識する

認知心理学によると、人は入力情報を、短期メモリと長期メモリを使いながら、メンタルモデルを作って高速に処理しようとします。分かりやすい文章を書くには、読み手にメンタルモデルを明確に作らせることが大事になります。

●短期メモリと長期メモリ

認知心理学では、人は短期メモリに入った情報と、長期メモリに記憶していた関連情報を組み合わせながら、情報処理をします。この処理を高速に実行するため、長期メモリに保存してある関連情報を、あらかじめ活性化します。

短期メモリには、7 ± 2 個の情報を約20秒だけ保存できます。短期メモリには、入力情報が一時的に保存されています。ここで言う1個の情報とは、意味を持った1つの

固まりです。無関係な数字や文字の羅列なら、7±2字ですし、単語の羅列なら、7±2語になります。

一方、長期メモリは、ほぼ無制限の情報をほぼ永久的に保存できます。長期メモリには、いわゆる「記憶している」情報が保存されています。いったん記憶した情報は、ほぼ一生涯記憶され続けると考えられています。

人は、短期メモリに入った情報を、長期メモリに保存されている情報を使いながら処理します。入力情報は、目や耳から入って、短期メモリに一時保管されます。しかし、この入力情報だけでは情報処理ができないので、情報処理に必要な関連情報を、長期メモリから取ってきます。入力情報と関連情報を合わせて、情報処理をするのです。

たとえて言うなら、短期メモリは机の上、長期メモリは巨大な書庫です。情報処理という作業をするには、情報を机の上に置かなければなりません。しかし、目や耳からの入力情報だけでは情報が不足しているため処理ができません。そこで、情報処理に必要な情報を、長期メモリという巨大な書庫から取ってきて、短期メモリという机の上に置いて、情報処理をするわけです。

たとえば、「自動車が赤信号で停止した」という情報でも、短期メモリと長期メモリの情報で処理をします。短期メモリに入力された情報は、まさに「自動車が赤信号で停止した」だけです。しかし、読み手はこの文を理解するた

めに、多くの関連情報を長期メモリから取ってきます（下図参照）。たとえば、「自動車とは何か」「信号とは何か」「赤信号は何を意味するか」などです。これらの情報を記憶して、つまり長期メモリに保存しておいて、その情報を取ってきたのでこの文が理解できるのです。

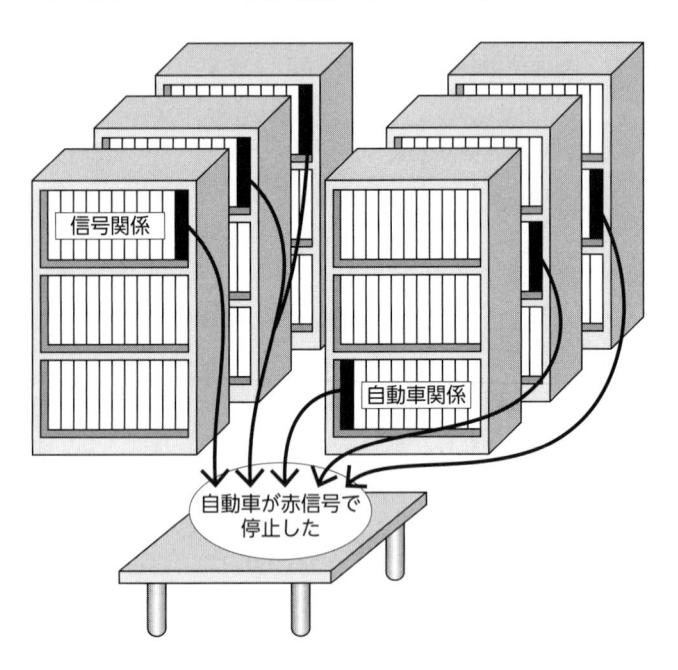

この情報処理を、できるだけ高速に実行するため、人は長期メモリにある関連情報を、あらかじめ活性化します。活性化というのは、長期メモリという巨大な書庫から、次に使いそうな関連情報を、あらかじめ書庫の前に移動するイメージです。長期メモリには膨大な情報が保存されています。その巨大な書庫から、必要な情報をいちいち探して

いたのでは時間がかかりすぎます。そこで、使うかどうかは分からないが使いそうな情報は、あらかじめ書庫の前に移動しておくのです。いざ必要となれば、書庫の前にある情報を、手を伸ばして短時間で入手できます。

●メンタルモデルと理解の流れ

この情報処理をスムーズに進めるために、人は頭の中にメンタルモデルを作ります。メンタルモデルを作って、関連情報を活性化し、高速に情報を処理しようとします。

メンタルモデルとは、人が頭の中で作る、自分なりの理解の世界です。入手した情報に対して「これはこういうことだな」という自分なりの理解がメンタルモデルです。たとえば、「信号機」という情報が入ってきたら、信号機とはどんなものか、その機能や形をイメージするはずです。これがメンタルモデルです。

人は、メンタルモデルを作って、入力情報を高速に処理しようとします。情報が入力されると、その情報を自分なりに理解してメンタルモデルを作ります。このメンタルモデルによって、入力情報に関係した関連情報が活性化します。そこで読み手は、「次はあの関連情報を使うはずだ」と予想します。予想どおりに、情報が入力されると、必要な情報はすでに活性化済みですので高速に情報処理できます。予想が外れると、メンタルモデルの修正が必要になるので、情報処理が遅くなります（次ページの図参照）。

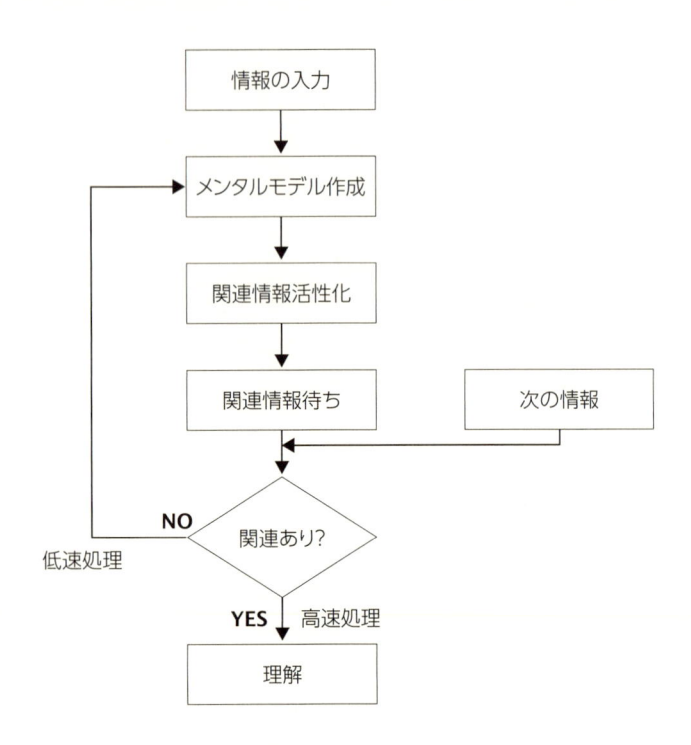

```
情報の入力
   ↓
→ メンタルモデル作成
│    ↓
│  関連情報活性化
│    ↓
│  関連情報待ち ← 次の情報
│    ↓
│  関連あり？
└─NO        YES↓高速処理
 低速処理    理解
```

　たとえば、「その自動車は、赤信号を無視した」という情報を読むと、この情報に応じたメンタルモデルを作ります。読み手は、「自動車は、何らかの理由で、赤信号でも止まらずに交差点に進入したな」と理解するはずです。これがメンタルモデルです。さらに、その理由として、「急いでいたのかな」「居眠りして赤信号を見落としたのかな」と、関連情報を活性化します。次に、自分が活性化した情報を元に、「この後は赤信号を無視した理由が述べられるはずだ」と予想して待つはずです。したがって、その後に、予想どおりの理由がくると分かりやすいと感じるのです。

●メンタルモデルを意識して文章を書く

　文章を分かりやすくするには、読み手に明確なメンタルモデルを作らせ、そのメンタルモデルどおりに展開します。

　読み手に明確なメンタルモデルを作らせるには、概略から述べることです。概略を述べれば、その概略からメンタルモデルが作れます。次の入力情報を処理するのに必要な関連情報をあらかじめ活性化できます。それだけ次の情報を高速に処理できます。

　たとえば、「**本モジュールは、A、B、Cの3つのサブモジュールで構成されている**」と書き始められていれば、読み手はメンタルモデルを作って先を理解しやすくなります。読み手は、この文を読んで、「この後は、A、B、Cの3つのサブモジュールをこの順に説明するな。まずはAサブモジュールだ」と思うはずです。これがメンタルモデルです。読み手は、Aサブモジュールを理解するのに必要な情報を活性化して次の情報を待つので、次のAサブモジュールの説明を分かりやすく読めます。

　読み手は、このようにメンタルモデルを作っては予想しながら読んでいますので、その予想どおりに文章を展開することも大事です。「本モジュールは、A、B、Cの3つのサブモジュールで構成されている」と書き始められていたのに、次の文が「Bサブモジュールは」で始まったのでは、読み手はびっくりしてしまいます。「Aサブモジュールはどこに行った」と思うでしょう。

3.2 強調のポジションを活用する

文章の固まりごとに、最初と最後が強調のポジションです。特に最初を活用することが大事です。

文章の最初と最後が強調のポジションです。人は、最初と最後で緊張するからです。このことは、文章だけではなく、プレゼンテーションでも一緒です。プレゼンテーションの場で、最初から寝ている人はいません。最初は聞いていても、中程で緊張が解けて眠くなります。しかし、途中で眠っていた人も、最後のまとめでは目を覚ますものです。

この最初と最後の強調のポジションは、文章の固まりごとにあります（下図参照）。つまり、文章全体の最初と最後だけではなく、文章の中に階層があれば、階層は、パラグラフの固まりです。各階層の最初と最後のパラグラフが強調のポジションです。パラグラフは文の固まりなので、最初の文と最後の文が強調のポジションです。さらに、文1つ取ってみても、単語の固まりです。したがって、1つの文でも、最初の単語と最後の単語が強調のポジションです。

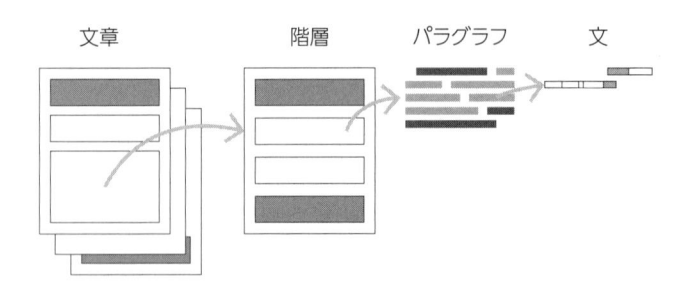

| 文章 | 階層 | パラグラフ | 文 |

最初と最後にある強調のポジションのうち、文章では最初の強調のポジションがより重要です。なぜなら、読み手が文章全部を読む保証がないからです。読み手は途中で読むのをやめてしまうかもしれません。読むのを途中でやめてしまったとしても、最初だけは読みます。だから、最初の強調のポジションをより重視します。

しかし、文章ではなく、プレゼンテーションなら、最後の強調のポジションを優先します。なぜなら、プレゼンテーションは、原則、全部聞くのが前提だからです。一般的に、プレゼンテーションはその場に参加した以上、最後まで聞くのが礼儀です。全部聞くのであれば、最初より最後に話した内容の方が記憶に残ります。だから、プレゼンテーションではまとめに力が入ります。

コラム >>> 文章とスピーチの情報順の違い

文章では、読み手が文章を全部読む保証がないので、情報は重要な順に述べます。すべてを読まないにしても、ほとんどの人は上から下に読みます。そこで、重要な順に書いておけば、重要な情報くらいは読んでもらえます。

一方、スピーチでは、全部聞くのを前提とできるので、重要な情報を最後に述べる戦略も使えます。そこで、パーティなどでは大切な情報は最後に回すことが多くなります。しかし、ビジネスなら、スピーチでも重要な順に述べるケースが多くなります。

3.3 情報を絞る

情報を強調するには、情報数を絞ることが重要です。しかし、時には情報をわざとたくさん出す場合もあります。

情報は数を絞ると記憶に残ります。強調できますし、整理もしやすくなります。欲張って、あれもこれも書くと、重要でない情報によって、重要な情報がぼけてしまいます。そこで、情報を10個羅列するよりは、大事な情報3個に絞る方が効果的です。どうしても10個の情報を出したいなら、3つに分類して見せましょう。

数を絞るときには3を基調にまとめると効果的です。多すぎると記憶できません。しかし、少ないと書き手が手を抜いたように感じたり、内容に物足りなさを感じたりします。そこで、多くなく少なくなく、3はちょうどいい数だと言われています。レポートも、重要な情報は3を基調にまとめると効果的です。ちょっとした言い回しも、「government of the people, by the people, for the people」のように、3でまとめると印象に残ります。

しかし、内容より量を強調したいときは、情報を多く出すときもあります。たとえば、忙しさをアピールしたいなら、やるべき作業を数多く羅列するはずです。網羅性をアピールしたいなら、ポイントを数多く羅列するはずです。このときは、書き手は記憶させようとはしていません。記憶は犠牲にして、数の多さを強調しているのです。

第2部

パラグラフで書く

文章をパラグラフで効果的に書くために、守るべき7つのルールを紹介しましょう。

1. 総論のパラグラフで始める
2. 1つのトピックだけを述べる
3. 要約文で始める
4. 補足情報で補強する
5. パラグラフを接続する
6. パラグラフを揃えて表現する
7. 既知から未知の流れでつなぐ

第2部 パラグラフで書く

1 総論のパラグラフで始める

この章のPOINT

文章は、総論のパラグラフで書き始めます。先頭に総論のパラグラフがあれば、読み進むべきかの判断が素早くできますし、詳細も分かりやすく読み進められます。総論のパラグラフは、典型的なパターンを知っておくと、簡単に書けます。

1.1 書き方のポイント

文章は、結果や結論などの重要な情報をまとめたパラグラフ（＝総論）で始めます。 この総論は、文章の始めだけではなく、文章に階層があれば階層ごとに設けます（下図参照）。総論のパラグラフの内容にそって、各論のパラグラフを展開し、最後に結論のパラグラフでまとめをします。

総論	1章の総論	2章の総論	3章の総論
各論	1.1 節の総論	2.1 節の総論	3.1 節の総論
	1.1 節の各論	2.1 節の各論	3.1 節の各論
	1.2 節の総論	2.2 節の総論	3.2 節の総論
	1.2 節の各論	2.2 節の各論	3.2 節の各論
結論			

46

1.2 具体例

以下の文章は、総論のパラグラフで書き始められ、その後に各論のパラグラフが展開されています。

【総論】

社内ベンチャー制を立ち上げるにあたり、日本でベンチャー企業が成功しにくい理由について分析しました。ベンチャー企業が成功しにくいのは、投資会社不足と国民の安定志向が原因と考えます。

【各論】

社内ベンチャー制の目的は、企業内起業家を育成することで組織を活性化することです。大規模な企業では、現状維持でも利益を生むため、組織が硬直化しやすくなります。その結果、斬新なアイデアや意欲ある人材が、組織の中で埋没してしまいます。そこで、その埋没しているアイデアや人材を掘り起こそうというわけです。

しかし、日本は、企業内起業を除くと起業率が際だって低いのが現状です。米国の起業率は13％、欧州各国は4〜8％であるのに対し、日本はわずか1％しかありません（下図参照：図は省略）。先進国の中では最低です。

起業率が低いのは、投資会社がベンチャー企業への投資をためらいがちなせいです。(以下略)

1.3 有効性

文章を総論のパラグラフで始めると、主に次の4つの効果が期待できます。

- （読み手は）詳細を読み進むべきかを判断できる
- （読み手は）詳細を容易に理解できる
- （読み手は）根拠の正当性を読みながら確認できる
- （書き手は）大事な情報を強調できる

●読み進むべきかを判断できる

文章が総論のパラグラフで始められていれば、読み手は、その文章、その階層を読み進むべきかを判断できます。この判断は、タイトルだけではできません。

読み手は、自分の手元に来た文章をすべて読み進もうとしているわけではありません。読み進まなければいけない文章もあれば、概略だけ知っていれば十分な文章も多くあります。必要な部分だけ読めばいい文章もあります。読み進むべきかの判断は、同じ文章でも、読み手の職位や仕事の内容によって変わります。

総論のパラグラフが先頭にあれば、読み進む価値があるかが即座に判断できます。総論のパラグラフの内容から、「この文章には自分にとって必要な情報が書かれている」と判断したら、先を読み進めばいいわけです。大事な情報が最後にだけ書かれていたのでは、読み手は全部を読んだ後、「なんだ、こんな内容ならこんなに丁寧に読む必要は

なかった」とか「なんだ、全部知っている内容だった」ということになりかねません。

　総論のパラグラフを階層ごとに書くのは、読み進むかどうかの判断を、階層ごとにしたくなることもあるからです。特に、文章が長い場合です。文章が長くなれば、「文章の中の必要な箇所だけを読みたい」というニーズが生まれます。このニーズに応えるために、階層ごとに総論が必要です。

　読み進むかどうかの判断はタイトルではできません。たとえば、タイトルに「業界動向の分析」とあったとします。業界の動向を分析した文章だということは分かります。しかし、その分析結果は、自分の知らないことなのか、詳細まで知っておくべきなのかは、タイトルだけでは判断できません。その判断を的確にするには、タイトルよりは詳しい情報が必要なのです。

●容易に理解できる
　文章が総論のパラグラフで書き始められていれば、読み手は、それ以降に書かれている詳細を楽に読めます。

　総論のパラグラフが先頭にあれば、メンタルモデル（39ページ参照）を作るので、後の詳細が理解しやすくなります。総論のパラグラフに書かれている情報から、この文章は、こう展開されるはずだと思って読めるのです。論理展開が予想できれば、情報処理に必要な関連情報をあらかじめ活性化できます。それだけ先が読みやすくなります。

たとえば、レポートの最初で、「今、業界にはA、B、Cの3つのトレンドがあります」と述べてあれば先が読みやすくなります。読み手は当然、「この後は、A、B、Cの3つのトレンドをこの順に詳細説明するはずだ」とメンタルモデルを作ります。まず、トレンドAを聞くのに必要な関連情報を活性化するので、トレンドAの説明が分かりやすくなります。さらに、トレンドAの説明が終われば、「次は、トレンドBだ。話全体の3分の1が終わったな」とメンタルモデルを作ります。現在位置を確認しつつ、先を予想できるので分かりやすくなります（下図参照）。

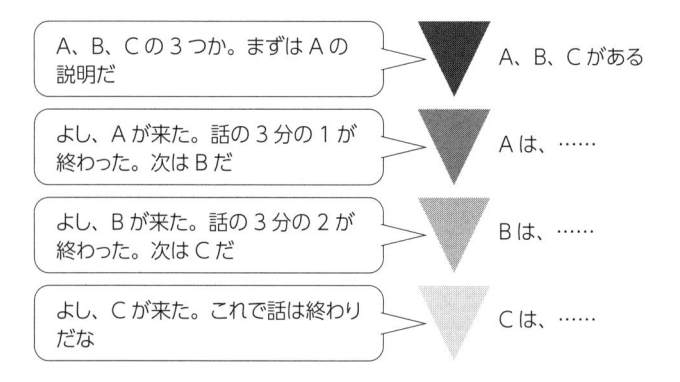

A、B、Cの3つか。まずはAの説明だ	A、B、Cがある
よし、Aが来た。話の3分の1が終わった。次はBだ	Aは、……
よし、Bが来た。話の3分の2が終わった。次はCだ	Bは、……
よし、Cが来た。これで話は終わりだな	Cは、……

ところが、このレポートの最初に、「業界のトレンドを報告します」とだけ述べてあったのでは、分かりにくくなります。トレンドが何かはもちろん、いくつあるかすら分かりません。先を読むのに必要な関連情報を活性化できないので、分かりにくくなります。さらに、第1のトレンドの話が終わっても、話の何割が終わったのか確認できませんし、この後どのくらい話が続くかも予想できません。

1 総論のパラグラフで始める

●根拠の正当性を確認できる

　文章が総論のパラグラフで書き始められていれば、読み手は、主張が根拠によって正しく支持されているかを確認できます。総論は書き手にとっては不要でも、読み手にとっては重要な情報なのです。

　総論のパラグラフが先頭にあれば、主張を先に読むので、各論で述べる根拠を検証しながら読めます。まず、総論のパラグラフで述べている主張を頭に入れます。次に、各論で述べられる根拠が、その主張を正しく支持しているかを確認すればいいのです（下図の左を参照）。

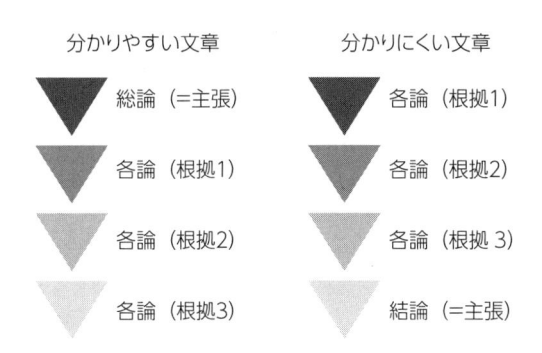

分かりやすい文章	分かりにくい文章
▼ 総論（＝主張）	▼ 各論（根拠1）
▼ 各論（根拠1）	▼ 各論（根拠2）
▼ 各論（根拠2）	▼ 各論（根拠3）
▼ 各論（根拠3）	▼ 結論（＝主張）

　総論のパラグラフが先頭にないと、主張が後になるので、各論で述べる根拠の正当性を確認しにくくなります。総論が先頭にないと、文章の最後に「以上から、……と言える」とまとめることになります。この文章だと、読み手は主張が分からない状態で根拠を読まなければなりません。それでは根拠が正しく主張を裏付けしているかは判断できません（上図の右を参照）。結局、最後の主張を読ん

で、「なんだ、そんなことが言いたかったのか。では、先頭に戻って、根拠が主張を正しく裏付けしているかを確認し直そう」と、読み返すことになりかねません。

最後に主張を述べたくなるのは、その方が書きやすいからです。文章を書く前の調査段階では、調べた結果として結論（＝主張）が出るケースが多いです。自分のノートにもその順にメモされています。だから、やったことをやった順に説明するのが楽なのです。そこで、調査方法－調査結果－結論のように、時系列で説明してしまいます。

ところが、やっかいなことに最後に主張を述べても、書き手だけは分かりやすく感じます。なぜなら、書き手だけは、最後に出てくる主張を、文章を書く前から知っているからです（下図参照）。この予備知識が邪魔をして、分かりにくいものを分かりにくいと感じなくなってしまうのです。

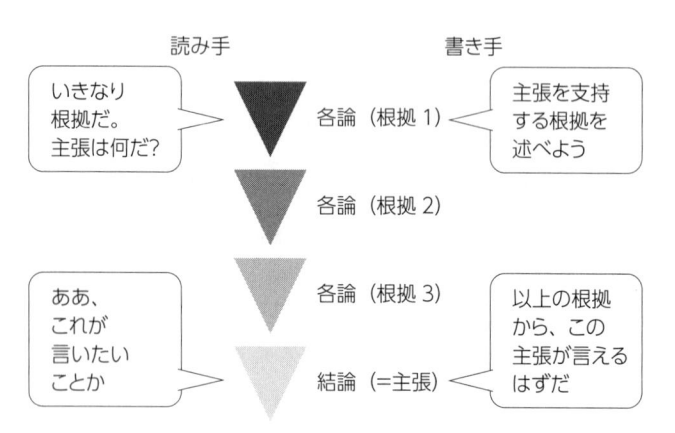

	読み手		書き手
いきなり根拠だ。主張は何だ？	▼	各論（根拠1）	主張を支持する根拠を述べよう
	▼	各論（根拠2）	
ああ、これが言いたいことか	▼	各論（根拠3）	以上の根拠から、この主張が言えるはずだ
	▼	結論（＝主張）	

先ほどの業界のトレンドを説明する例でも同じです。書き手は、「業界のトレンドを報告します」とだけ述べて文章を始められます。なぜなら、書き手だけは、「今、業界にはA、B、Cの3つのトレンドがあります」ということを、最初から知っているからです。書き手から見れば、トレンドが何かを先に述べる必要性はありません。

　したがって、書いている自分の分かりやすさを過信してはいけません。書き手が漫然と書けば、情報は作業した順に並びます。しかも、それでも書き手は読みやすいと勘違いしてしまうのです。書き手が、自分の文章を分かりやすく感じるのは、書いていないことを知っているからかもしれないのです。何も知らずに読む読み手と、すべてを知っている書き手では、分かりやすいという感覚がずれます。

●大事な情報を強調できる

　総論のパラグラフが先頭にあれば、大事な情報が印象強く残ります。文章の最初は、強調のポジション（42ページ参照）なのです。この最初くらいは、読み手のほぼ全員が読んでくれますし、最も集中しているはずです。後ろに行けば行くほど、読み飛ばされやすいですし、読み手の集中力も下がります。

　大事な情報は、必要があれば文章の最後でも強調します。「でも強調する」のであって、「で強調する」のではありません。強調のポジションは、最後より最初が優先です。最後は念押しに過ぎません。

1.4 書き方のコツ

総論のパラグラフでは、各論で述べる情報の中から、重要なポイントを簡単に紹介します。書き方は文章によって若干変わるので、下記の3種類で紹介しましょう。

- 全体の総論（公式な文章）
- 全体の総論（非公式な文章）
- 階層の総論

● **全体の総論（公式な文章）**

正式なレポートや提案書のような公式な文章なら、総論は典型的なパターンに基づくと書きやすくなります。このパターンは応用次第で論文などにも使えます。

典型的なパターンに基づく総論は、目的と要約のパラグラフに分けた上で、次のような情報で構成します。

目的のパラグラフ	
現状または背景	文章を書くきっかけとなった事実
問題点または必要性	解決しようとしている問題点か、この文章の必要性
目的	この文章で報告しようとしている仕事
要約のパラグラフ	
結論や総括の文	最も伝えたいことを表現した文
重要な情報1	結論や総括の文を導き出した情報1
重要な情報2	結論や総括の文を導き出した情報2
重要な情報3	結論や総括の文を導き出した情報3
重要な情報4	その他の重要な情報（必要なら）

この各項目を、1 文ずつを目安にまとめます(下例参照)。全体で 8 文前後になりますので、読んだときに 30 秒ぐらいになります。正式なレポートは、全体の文章量も多くなりがちですから、総論も 8 文前後とやや長めになります。ただし、読んだときに 30 秒を大幅に超えてはいけません。

> 例:
>
> 　経済が低成長を続ける中においても、急成長を遂げている企業がある(背景)。その成功要因を分析することは、当社の経営戦略の参考になると考える(必要性)。そこで、これらの企業の中から、家電量販店を全国展開する Y 電機急成長の要因を分析した(目的)。
>
> 　Y 電機急成長の要因は、大規模店の大量出店と低コスト体質の構築という 2 つの戦略にある(結論の文)。
>
> | | |
> |---|---|
> | 大規模店の大量出店 | 売り上げを伸ばすために、大規模小売店舗法が廃止された時期をとらえて大規模店を大量に出店した。その際、売れ筋商品を先読みした商品陳列戦略と、転換社債を利用した資金調達戦略をとった。(重要な情報 1) |
> | 低コスト体質 | コストを抑えるために、物流システムの改革により商品の配送効率と人員配置効率を向上させた。また、情報システムの導入により、無駄を省く迅速な意思決定とメーカーとの有利な価格交渉を実現した。(重要な情報 2) |

この書き方はあくまで目安なので、時には応用も必要です。読み手にとって当たり前で、述べるまでもないような情報なら、省略してかまいません。特に「文章の必要性」は、ビジネス文章では述べるまでもない場合が多いので、省略することも多くなります。

応用することで、この典型的なパターンは、論文のアブストラクト（＝論文の総論）にも適用できます。論文では、アブストラクトを1つのパラグラフで書くのが習慣なので、ひとまとめにします。そのままでは、結論の文が真ん中で埋もれますので、結論の文は、アブストラクトの最後（＝強調のポジション）に移動します。重要な情報として、オリジナリティが表現されている手法と、その有効性を示している結果を述べます。全体の字数は、その論文の投稿先の指定に従います。

> **例：**
>
> 生体認証としての顔照合技術は、抵抗感の少なさ、非接触、顔画像履歴保存といった特長から関心を集めている（背景）。しかし、従来の顔照合技術を入退室管理システムに応用する場合、照合に時間を要したり、経時変化や立ち位置の変動などに十分対応できなかったり、大人数で照合精度が落ちたりするという問題があった（問題点）。そこで、照合速度と精度を向上させるため（目的）、顔特徴点を動画像でマッチングする方式を採用した（重要な情報：手法）。その結果、約1秒という照合時間を実現しながら、8ヵ月の経時変化での

照合精度が、従来手法に比べて40%以上も改善した（重要な情報：結果）。また、大人数の評価でも、本人排除率0.22%、他人受理率0.08%という高い精度を確認した。これにより、入退室管理システムに応用できる顔照合セキュリティシステムを実現できた（結論の文）。

●**全体の総論（非公式な文章）**

　非公式な文章なら、総論は1つのパラグラフで短めにまとめましょう。ここで言う非公式な文章とは、1ページ程度のレポート、電子メールや小論文などです。

　非公式な文章の場合、総論のパラグラフは2文か3文ぐらいが適切な長さです。読むのに30秒もかかると長すぎます。非公式な文章は短いはずです。短い文章に長い総論ではバランスが悪くなります。特に電子メールは、ディスプレイに表示して読むので、紙に比べて長いパラグラフは読みにくくなります。

　2文か3文ぐらいなので、総論の典型的なパターンから、必要な情報に絞り込んで作るといいでしょう。たとえば以下のような組み合わせです。
- 背景と結論（総括）の文
- 目的と結論（総括）の文
- 結論（総括）の文と重要な情報のエッセンス

第2部　パラグラフで書く

　先に示した正式なレポートの総論(55ページ参照)を、非公式な文章の総論にするなら、以下のようになります。

> 例：
>
> 　家電量販店を全国展開するY電機急成長の要因を分析した（目的）。Y電機急成長の要因は、大規模店の大量出店と低コスト体質の構築という2つの戦略にある（結論の文）。

　小論文のような文章の総論も、非公式な文章の総論とおおむね同じです。 総括や重要な情報を中心に、2文か3文ぐらいでまとめましょう。

> 例：
>
> 　「人財」と表記されるように、人材育成は、企業が生き残るために重要な課題である（背景）。他社に勝る人材を育成するには、採用と育成の両面で、他社とは異なるという視点が重要だ（結論の文）。

　電子メールの総論は、目的や重要な情報を中心に、4〜5文ぐらいでまとめます。 下記は、週報の総論の例です。

> 例：
>
> 　11月13〜20日の進捗を報告します（目的）。
> ・山岡不動産向け提案書およびプレゼンテーションの作成完了（重要な情報1）
> ・曙建設向け提案書の検討：進捗60％（重要な情報2）

> ・ビジネスショー見学とトレンド分析の報告書作成
> 　（重要な情報3）
> なお、内田電装からのクレームについては、対応策を説明し、先方の検討結果待ち（重要な情報4）。

注）週報のような定期的に書く文章は、組織ごとにフォーマットが決まっている場合もあります。その場合は、習慣に従います。

●**階層の総論**

　階層の総論は、1つのパラグラフで、1〜4文を目安に短くまとめましょう。ただし、階層の総論は、不要な場合もあります。

　階層の総論のパラグラフは、その階層で述べようとする重要な情報を、1〜4文ぐらいでまとめましょう。文章全体の総論とは違って、目的と要約のパラグラフに分ける必要はありません。総論の典型的なパターンから、要約のパラグラフの情報を中心に、1つのパラグラフにまとめればよいでしょう。

> 例：
>
> 　本システムは、カメラおよび近赤外線光源からなるカメラユニットと、Windows7を搭載したPCとで構成されている（総括の文）。カメラユニットは眼球を撮影し、PCは、カメラユニットを制御するとともに、撮影画像から視線を算出する（重要な情報）。

階層の総論は、その階層が小さいなら不要です。たとえば、その階層が１つのパラグラフで構成されているなら、総論のパラグラフは必要ありません。１つのパラグラフを、わざわざもう１つパラグラフを設けて、総括する意味はありません。また、その階層が２つか３つのパラグラフで構成されているときでも、総論のパラグラフは不要と感じることがあります。なぜなら、そのように小さな階層なら、総論のパラグラフがなくても、ぱっと見て階層の概略がつかめるからです。

また、階層の概略が、見出しによってつかめるなら、その階層の総論は省略してもかまいません。たとえば、右図のような場合です。この文章の４章に、総論は不要です。なぜなら、４章に総論のパラグラフがなくても、この文章で説明しているシステムには、変換、圧縮、最適化の３つの機能があり、その３つをその順番で詳細に説明しようとしていることが分かるからです。

```
4. 本システムの機能
4.1 変換

4.2 圧縮

4.3 最適化

5. 適用例
```

しかし、この階層がページをまたぐなら総論は必要です。たとえば、次ページの図のような場合です。この文章の４章には、総論が必要です。この階層なら、小見出しに

1 総論のパラグラフで始める

よって概略をつかむために、ページを何枚もめくった上で、またページを戻って読まなければなりません。それなら、最初に概略が書いてあった方が読みやすいです。

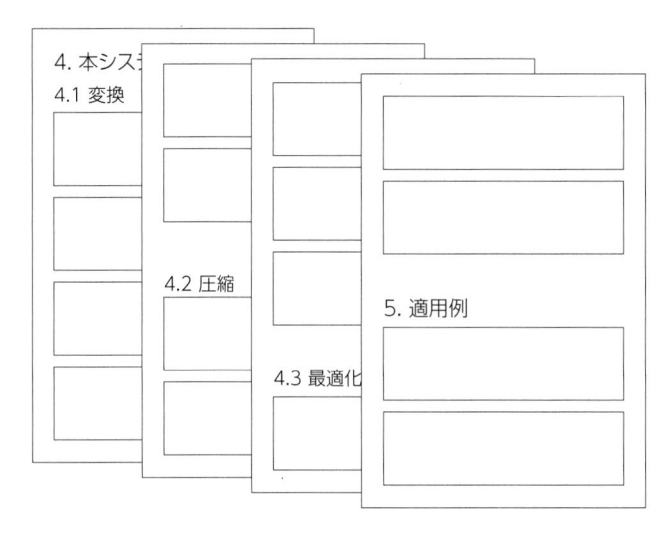

注） 上記のような文章の場合、「4.1 変換」「4.2 圧縮」「4.3 最適化」のそれぞれに、階層の総論のパラグラフが必要になることもあります。

1.5 注意すべきこと

総論のパラグラフを書くときには、次のことに注意しましょう。

- 各論と合わせる
- 結論と合わせる
- 具体的に書く
- 簡潔に書く

●各論と合わせる

総論で述べた情報は、その順番で、各論で詳細に説明します。総論で述べた情報が、各論で詳細説明されていないことは原則ありません。総論で述べるということは重要な情報です。重要な情報が、総論で述べた1文程度の説明で終わっていいわけはありません。詳細な説明が必要です。逆に、1文で説明が終わるような情報は、総論に入れるほど重要ではない可能性が高いです。

しかし、各論で述べた情報がすべて、総論で述べられているわけではありません。総論には重要な情報だけを載せます。つまり、重要性の低い情報は、各論にだけ載せて、総論には載せません。たとえば、用語の定義や仕様一覧などは、各論でだけ述べます。

●結論と合わせる

総論と結論は、原則同じ内容になります。重要な情報が、文章の最初と最後で異なるはずはありません。文章の

最初と最後の強調のポジションで、重要な情報を強調するのです。結論でだけ、何か特別なことを述べてはいけません。どちらかと言えば、総論により力を入れて書くのです。文章の最初は誰でも読みますが、最後にある結論は、読んでもらえる保証はありません。

総論と結論は内容が重複するので、文章が短い場合は、結論を省略できます。強調のポジションは、文章では前が優勢なので、総論を残します。結論を省略しても、総論には結論相当のことが書いてあるので問題はありません。

● 具体的に書く

総論のパラグラフは具体的に書きます。読み手の多くは、総論しか読まないのです。総論で読み進むべきかを決める読み手もいるのです。

総論では、結果や結論に相当する重要な情報を具体的に書きます。重要なデータの場合は、数値で示すことも必要です。何をしたかという目的だけでは、総論として不十分です。まして、見出しを繰り返すような言い方では、何も述べていないのと一緒です。

> よい例：
>
> **新指紋センサの原理**
> そこで新指紋センサでは、指に光を照射し、指内散乱光の隆線部と谷部の明暗を読み取ることで従来の問題の解決を図った。

> **悪い例：**
>
> **新指紋センサの原理**
> 　本章では、新指紋センサの原理について述べる。

　総論のパラグラフしか読まない人がたくさんいることを忘れてはいけません。全部を読むのは、読まないと仕事ができない人だけです。つまり、直接仕事を担当する人だけです。しかし、その担当者の上司は、自分が作業するわけではないので、概略だけしか読みません。関連部署の人も総論しか読みません。

　また、読み手はこの総論のパラグラフで、先を読み進むべきかを判断しようとしています。総論に、先の悪い例のように「……について述べる」とだけ書いてあったら、この文章や、この階層を読み進む価値があるか分かりません。読み手に価値を伝えるためにも、具体的に、必要なら数値も入れて説明します。

●簡潔に書く
　総論のパラグラフは、具体的に書かなければなりませんが、同時に簡潔でなければなりません。情報を絞ることで強調する（44ページ参照）のです。公式なレポートであれば、読んだときに30秒程度（8文前後）になるようにまとめます。非公式なレポートの総論や階層の総論なら、2文か3文です。

コラム >>> ステップ・バイ・ステップなら総論は不要？

　読み手が反対意見と考えられるときは、結論を最後にだけ書きたいと考える人がいます。反対意見の読み手に対し、結論から説明すると、後ろを読んでもらえない、説得できないと考えるようです。そこで、ステップ・バイ・ステップに説明して説得しようというわけです。

　実際、「そういう場合は重要な情報を最後に回すべき」と書いてあるビジネス書も、多くあります。

　しかし、本当にそうでしょうか？　重要な情報が最初に書かれていないレポートを手にしたとき、読み手は本当に、ステップ・バイ・ステップに読むでしょうか？

　読み手はまず、ページをパラパラとめくって、重要な情報を先に読むはずです。重要な情報を先に読まなければ、詳細を読み進むべきかや優先度の判断ができないからです。どんな内容が書いてあるかを知らないまま、文章の詳細をどんどん読んでいく人はいません。

　ステップ・バイ・ステップの説得をしたかったら、話を最初から最後まで聞くという前提が必要です。つまり、プレゼンテーションを使うのです。プレゼンテーションなら、最初から最後まで順に聞くことを前提に置けます。文章は、読み手が勝手にページをめくってしまいますので、ステップ・バイ・ステップの説得はできません。

1.6　悪い文章と書き直し例

●総論が不十分な例

以下の文章（ある文章の4章のみを引用）は、総論のパラグラフ（グレーの部分）が不十分です。総論では、背景や目的を述べているだけなので、この階層で最も伝えたい試算の結果が、詳細を読まない限り分かりません。試算の数は分かりますが、どんな試算をしたのかも曖昧です。

---

4. 財政危機の試算

> 財政危機の深刻化は、これまで何度も指摘されてきた。このままではヨーロッパの財政危機の二の舞になりかねない。そこで、財政危機が今後どこまで進むのかを3つのケースで試算してみた。

4.1　対策なしのケース

内需促進策も財政再建策も実施しない場合、財政危機が深刻化し、最終的には財政破たん状態に陥る。財政危機が深まると、円安、金利高、消費抑制という3つの変化が起こる。円安が実質GDPの成長率を押し上げる一方で、金利高と消費抑制が実質GDPの成長率を押し下げる。この傾向を試算すると、実質GDPの成長率は0.7％に留まる。一方で、国債残高は増大し、2025年度には1438兆円、対名目GDP比で215％に増大する。

4.2　財政再建策だけのケース

消費税増税という財政再建策だけを実施した場合、

財政危機を免れようとすれば、景気後退も招く。財政危機を免れるためには、消費税率を30％まで上げる必要がある。しかし、消費税率を30％に上げれば、社会保障負担と合わせて国民負担率は、現在の43％が2025年度には70％以上に達する。一方で、実質GDP成長率はほぼ0％となる。

4.3　内需促進策と財政再建策を実施したケース

　内需促進策と財政再建策をともに実施した場合、緩やかな経済成長のまま財政危機を乗り越えられる。まず、新産業の育成・拡大などにより民間需要を拡大する。それと同時に、消費税率を15％にまで引き上げる。この場合、国債残高は対名目GDP比で、最終的に100％にまで低下する。一方で、実質GDP成長率は1％となる。

参考：財団法人電力中央研究所『財政危機のシミュレーション分析』（http://criepi.denken.or.jp/jp/kenkikaku/report/leaflet/Y03016.pdf）

階層の総論パラグラフでは、目的だけ述べても不十分です。読み手が知りたいのは目的ではなく結果や結論です。同様の理由で、「……について以下に説明する」という表現も、結局は目的を述べているので不十分です。目的だけではなく、その階層で最も伝えたいポイントを、端的に説明しましょう。

● **書き直し例**

この階層の総論は、総論の典型的なパターンから、目的の文と結論の文を使って、1つのパラグラフで構成します。背景は、前の章で述べているはずなので省略しました。

---

4. 財政危機の試算

財政危機が今後どこまで進むのか、対策なし、財政再建策だけ実施、内需促進策と財政再建策を実施の3ケースで試算してみた。その結果、内需促進策と財政再建策を実施するケースだけが、現実的な財政危機回避の対策であることが分かった。

4.1 対策なしのケース

内需促進策も財政再建策も実施しない場合、財政（以下は変更がないので省略）

目的のパラグラフ
現状または背景
問題点または必要性
目的
要約のパラグラフ
結論や総括の文
重要な情報1
重要な情報2
重要な情報3

財政危機が今後どこまで進むのか、対策なし、財政再建策だけ実施、内需促進策と財政再建策を実施の3ケースで試算してみた。

その結果、内需促進策と財政再建策を実施するケースだけが、現実的な財政危機回避の対策であることが分かった。

コラム >>> 週報にも総論のパラグラフを書こう

週報や月報のような進捗レポートでも、総論のパラグラフが必要です。総論があれば、グループのコミュニケーションがずっとよくなります。

ほとんどの人は、週報や月報のような進捗レポートに総論を書きません。自分がやったことを分類だけして、業務内容を片っ端から書いてきます。

しかし、週報や月報に総論がないと、その週報や月報は読まれない可能性が高いです。たとえば、10人のプロジェクトでは、自分を除く9人の週報や月報が手元に届くことになります。業務内容を片っ端から書いた9人の週報や月報を、ちゃんと読む人は少数でしょう。

一方、総論が先頭に書いてあれば、もっとずっとコミュニケーションがよくなります。上司はその総論を読み、気になるポイントがあれば、各論の対応する詳細を読みます。上司以外のプロジェクトメンバーは、基本的には総論だけ読めばいいでしょう。

週報や月報の総論は、典型的な総論のパターンでいうと、要約のパラグラフを中心にまとめます。重要な情報には、その週や月に遂行した重要な業務をまとめればいいでしょう。さらに、現状の問題点も書いておくと、上司は部下の仕事をウォッチングしやすくなります。

1.7 理解の確認

　以下の状況で、会社の営業で使う社用車を選定する提案書（社内正式文書）を作成しようとしています。この提案書の総論を、典型的なパターンに基づいて作成しましょう。この文書は、自社の関係者全員が読むものとします。

1. あなたは、ある大手不動産会社（戸建て住宅の建築販売）で、営業部に勤めている。
2. その会社では、建築中の物件の確認や備品の現地納入、物件の紹介に社用車を利用している。物件を紹介する際には、お客様を社用車にお乗せすることもある。
3. この社用車として、7年前に購入したDoyota社のスターダストを10台使用している。
4. しかし、事業の拡大に伴い社用車が不足しがちになってきた。社用車の不足は、移動の手間やコストの点から、ビジネスロストや経費の増加につながりかねない。
5. そこで、社用車を新たに購入することになった。
6. 上司に、候補に挙がった8社17車種から、どの車種が社用車として最適かを調査してほしいと頼まれた。
7. 社用車選定にあたっては、コストや機能、安全性といったことをトータルで考慮しなければならない。
8. Ponda社のホワイトイーグルなら、営業で使う段ボールがトランクルームに6箱まで載せられる。段ボールの運搬は、備品の現地納入などでよく行う作業である。
9. ホワイトイーグルはハイブリッド車なので、燃費が32km/lと最も優れている。ガソリン代にすると、他

のハイブリッドカーより年間で2万円、軽自動車より8万円、一般のガソリン車より20万円も節約できる。
10. ホワイトイーグルは、内装に高級感があるので、お客様をお乗せしても恥ずかしくない。あまりに経済性を追求すると、会社のイメージを損ないかねない。
11. 一方で、ホワイトイーグルは本体価格が高い。本体価格なら、Gessan社のオルカなどが優位。
12. 現行車種と同様に7年以上は使い続けるとすれば、ホワイトイーグルが、トータルコストとして最も経済的である。しかも、ハイブリッド車なので、減税や補助金も受けられる。

> **ヒント:**
>
> 典型的な総論のパターンに基づいて、総論を目的のパラグラフと要約のパラグラフに分けて書きます。その上で、下位の項目を、1項目1文を目安にまとめます。
>
> | 目的のパラグラフ |
> |---|
> | 現状または背景 |
> | 問題点または必要性 |
> | 目的 |
> | **要約のパラグラフ** |
> | 結論や総括の文 |
> | 重要な情報1 |
> | 重要な情報2 |
> | 重要な情報3 |
> | 重要な情報4 |

第2部　パラグラフで書く

●総論の例

> **序**
> 　当社では、営業用の社用車として、7年前に購入したDoyota社のスターダストを10台使用しています。しかし、事業の拡大に伴い社用車が不足しがちです。そこで、追加購入するにあたり、8社17車種から最適な車種を選定しました。
>
> **概要**
> 　検討の結果、以下の理由から、Ponda社のホワイトイーグルを推奨します。
> - 32km/lと経済的な燃費
> - お客様をお乗せするにも適している高級感のある内装
> - 営業用段ボールが6箱入る広いトランクルーム
>
> 本体価格はやや割高なものの、補助金、減税、優れた燃費までを考慮すればコスト削減になります。

●解説

　目的のパラグラフでは、背景、問題点、目的を述べます。 1項目を1文にして、全体が3文になるのを目安とします。

背　景：営業用の社用車として、7年前に購入したDoyota社のスターダストを10台使用している

問題点：新規事業の拡大に伴い社用車が不足しがち

目　的：8社17車種から最適な車種を選定する

要約のパラグラフでは、結論の文を述べた後、重要な情報を列挙します。結論の文では、選定した車種を示します。重要な情報は、その車種を選んだ理由と、予想される反論に対する反論を述べておきます。

結論の文：　　Ponda社のホワイトイーグルを推奨する
重要な情報1：32km/lと経済的な燃費（理由1）
重要な情報2：高級感のある内装（理由2）
重要な情報3：広いトランクルーム（理由3）
重要な情報4：本体価格はやや割高なものの、トータル的
　　　　　　　には割安（予想される反論に対する反論）

重要な情報は、1情報を1文目安にまとめます。短すぎても長すぎてもダメです。「低燃費」のような単語だけの羅列にならないよう気をつけましょう。単語では情報が少なすぎます。必要があれば、数値を示すことも重要です。

重要な情報は、意味のある順に並べます。一般的にはコストに関わることが優先されやすいはずです。しかし、ここに記載されている情報だけでは、どの情報が一番重要かは明確には決まりません。そこで、自分なりの考えで、効果的であると判断した順に並べてあればいいでしょう。

さらに、重要な情報として、予想される反論に対する反論を述べておくと効果的です。つまり、デメリットへの反論です。メリットしかない車種はありません。メリットを述べたら、デメリットにも言及しておくと説得力が出ます。提案書では、定番の論理展開です。

第2部 パラグラフで書く

2 1つのトピックだけを述べる

この章のPOINT

1つのパラグラフでは1つのトピックだけを述べます。トピックとレイアウトが一致すると、ロジックが伝わりやすくなります。1つのパラグラフは、4〜8文を、1つのレイアウトの固まりとして表現します。

2.1 書き方のポイント

パラグラフは、同じ1つのトピックについて説明した複数の文だけで構成します。つまり、書き手の思考の1単位（＝1トピック）を、文章の1つのレイアウト固まりに落とし込みます（下図参照）。どこでトピックが変わるかは、内容ではなく、レイアウトから判断できるようにします。

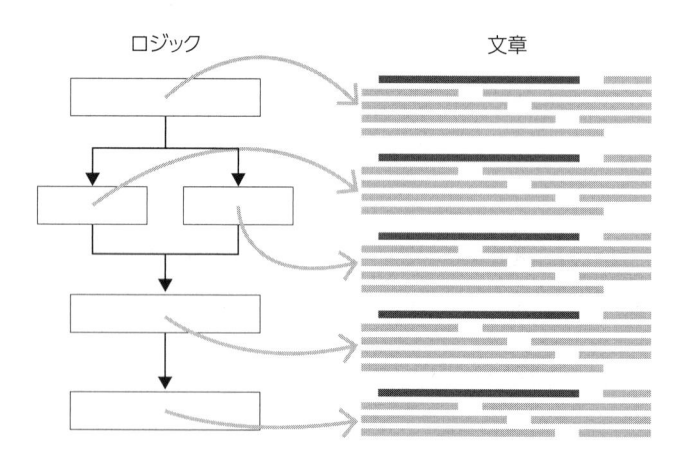

2.2 具体例

以下の文章（総論は省略）は、1つのパラグラフでは1つのトピックだけを述べています。

　社内ベンチャー制の目的は、企業内起業家を育成することで組織を活性化することです。大規模な企業では、現状維持でも利益を生むため、組織が硬直化しやすくなります。その結果、斬新なアイデアや意欲ある人材が、組織の中で埋没してしまいます。そこで、その埋没しているアイデアや人材を掘り起こそうというわけです。

　しかし、日本は、企業内起業を除くと起業率が際だって低いのが現状です。米国の起業率は13％、欧州各国は4〜8％であるのに対し、日本はわずか1％しかありません（下図参照：図は省略）。先進国の中では最低です。

　起業率が低いのは、投資会社がベンチャー企業への投資をためらいがちなせいです。日本におけるベンチャー企業への投資総額は、734億円（2012年統計）と、アメリカの約40分の1に過ぎません。投資が得られなければ、ベンチャー企業は成功せず、さらに投資する会社が減るという悪循環が生じています。投資が得られずに自己資本で起業しなければならないのでは、リスクが高くて、起業マインドが育ちません。（以下省略）

2.3 有効性

パラグラフを使って文章を書くと、主に次の4つの効果が期待できます。

- （読み手は）ロジックを正確に理解できる
- （読み手は）速読できる
- （書き手は）情報のバランスを取って書ける
- （書き手は）より論理的にまとめられる

●**ロジックを正確に理解できる**

パラグラフを使うと、思考の単位と文章のレイアウト単位が一致します。その結果、読み手は、ロジックが分かりやすくなります。

人はロジックを文では考えません。文のような小さな単位がたくさん集まってしまうと、頭の中ではハンドリングできなくなるのです。たとえば、A4サイズの用紙で1ページの文章でも、文の数にすれば数十あります。人は、数十の情報を頭の中で、ハンドリングできません。

そこで、人はロジックを考えるときに、文より大きな単位を使います。大きな単位を使うことで数を減らして、ハンドリングしやすくするのです。人がハンドリングできる数は、短期メモリ（36ページ参照）に入れられる7±2が限界です。この数より少なくなるよう、人は大きな単位で情報を処理します。

書き手が考えるとき使う単位を、レイアウトの固まりとして読み手にも見せれば、ロジックは分かりやすくなります。読み手も書き手と同様に、小さな単位がたくさん集まったのでは理解できません。大きな単位を求めているのです。それがパラグラフというレイアウトの固まりです。

●**速読できる**
パラグラフを使うと、文単位で書いた文章に比べて数倍速く読めます。それでいて、重要な情報は、しっかりと記憶できます。

パラグラフで書かれた文章は、パラグラフの後半を必ずしも読む必要はありません。そのトピックが理解できたら、あるいはそのトピックの重要性が低いなら、そのパラグラフの後半は飛ばせます（下図参照）。1のつパラグラフには1つのトピックしか書きませんから、パラグラフの後半も同じトピックなのです。理解できた、あるいは重要性の低いトピックを、丁寧に読む意味はありません。

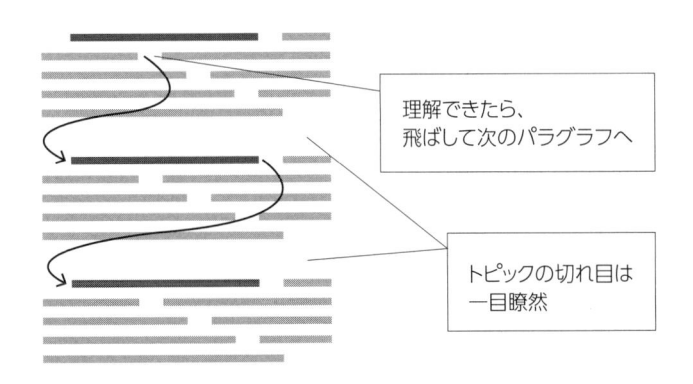

理解できたら、飛ばして次のパラグラフへ

トピックの切れ目は一目瞭然

しかも、そのパラグラフを飛ばせるかは、おおむねパラグラフの先頭文で分かります。先頭文がそのパラグラフの要約文（96ページ参照）になっているからです。要約文を読んで、その内容が理解できたら、あるいは重要性が低いと判断したら、2文目以降はすべて読み飛ばせます。要約文を読んで、その内容が理解できないなら、あるいは重要性が高いので詳しく知りたいと判断したら、2文目以降を読めばいいのです。

また、読み飛ばすときに、どこまで飛べるかも明確です。1つのトピックが、1つのレイアウト固まりに対応しているので、次のレイアウト固まりの先頭に飛べばいいのです（前ページの図を参照）。パラグラフを使わない文章では、トピックの始まりがレイアウトでは分かりません。闇雲に飛ばせば、読んでいないトピックまで飛ばしてしまったり、まだ同じトピックの説明が続いていたりしかねません。

パラグラフの途中で飛ばし読みしても、ロジックは読み取れます。読み飛ばしているのは、パラグラフの後半だけであって、要約文は読んでいます。つまり、すべてのパラグラフのトピックは理解しているのです。すべてのトピックを理解していれば、全体のロジックは理解できます。

実は、飛ばし読みした方が、重要な情報が記憶に残ります。重要性の低いトピックは途中で飛ばし、重要性の高いトピックを詳細まで読めば、重要なトピックが印象に残ります。すべてを読んでいたら、重要性の低いトピックによ

って、重要性の高いトピックがぼけてしまいます。

● **情報のバランスが取れる**

パラグラフを使うと、書き手は、情報のバランスを取りながら書けます。

パラグラフを使っていれば、トピックごとの文章量のバランスは一目瞭然です。 たとえば、右図のような文章であれば、第2パラグラフが説明不足なのはすぐ分かります。第2パラグラフのトピックをもう少し説明すべきではないかと検証できます。それだけ、文章の論理性も増します。

文単位で書いた文章（右図）は、トピックごとの文章量のバランスが崩れやすくなります。 どこでトピックを変えたかを、書き手自ら意識しきれないからです。その結果、書き手の主観によって、あるトピックは必要以上に丁寧に説明されたり、あるトピックは説明が足りなかったりとなりがちです。

● **論理的にまとめられる**

パラグラフを使うと、書き手は、ロジックを組んでから文章を書くので、より論理的にまとめられます。

文単位で文章を書く人は、1文ごとに考えながら文章を書き進めます。すべての情報を短期メモリに保存できません。そこで、短期メモリに入る量である文という単位で思考するのです。1文を書いては考え、1文を書いては考えを繰り返すような書き方になります（下図参照）。

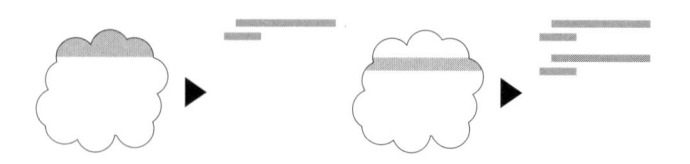

一方、パラグラフで文章を書く人は、情報をブロック化してから書き始めます。ブロック化しないとパラグラフにならないからです。ブロック化すれば数が減るので、短期メモリに全体が入ります。全体をブロックとしてハンドリングしてロジックを組みます。ロジックが組めたら、1つのブロックを1つのパラグラフに落とすような書き方になります（下図参照）。

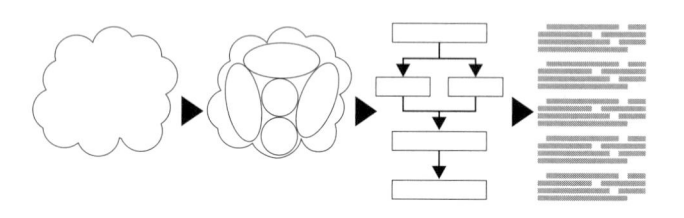

ロジックを組んでから文章を書く方が論理的になりやすいです。文単位で考えながら文章を書くと、前後の文を接続できても、文章全体を見渡せません。全体を見渡しながらロジックを組んだのとでは、論理性に大きな差が出ます。

コラム >>> パラグラフで書く習慣

　欧米では、論理的な文章はパラグラフを使って書きます。一方、日本では、パラグラフを学習しないので、論理的な文章も文単位で書いてしまいます。

　下図は、ともに文章の書き方に関する書籍の中のある1ページです。左は日本人の著者によるもの、右はアメリカ人の著者によるものです。

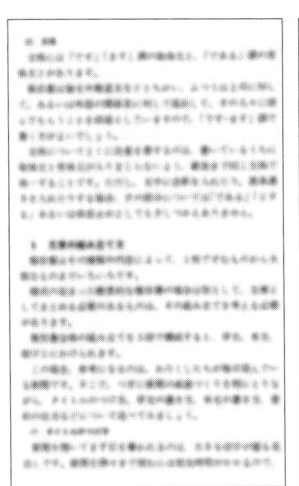

　左は、1〜2文で次々に改行しています。右は、はっきりとした固まりが分かります。日本では、残念ながら、文章の書き方の本ですら、正しく書かれていません。

2.4 書き方のコツ

パラグラフでは、1トピックを固まりに見せるために、レイアウトが決まっています。その1つのレイアウト固まりを、4から8の文で構成します。

● **パラグラフのレイアウトを守る**

トピックとレイアウトの対応を明確にするために、パラグラフではレイアウトが下記の3通りに決まっています。

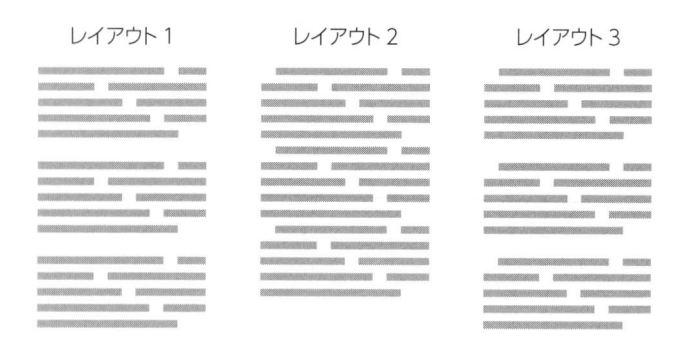

レイアウト1　　　　　レイアウト2　　　　　レイアウト3

レイアウト1は、パラグラフの切れ目を空白行で表現します。 パラグラフの書き出しを字下げせず、左側を揃えます。空白行が空間的なゆとりを生むため、見やすいレイアウトです。技術レポートなどで好まれます。

レイアウト2は、パラグラフの切れ目を書き出しの字下げで表現します。 パラグラフの切れ目に空白行は入れません。空間的なゆとりが少ないので、若干読みづらく感じるときがあります。しかし、公式性の高いレイアウトなので、

会社を代表する文章や学会論文などでは好んで使われます。

レイアウト3は、パラグラフの切れ目を空白行と書き出しの字下げの両方で表現します。レイアウト1と同様に、空白行が空間的なゆとりを生むため、見やすいレイアウトです。また、他の2つのレイアウトに比べ、パラグラフの切れ目をより強調できます。

パラグラフの途中では、原則として改行しません。改行は、パラグラフを切ることを意味します。パラグラフの途中で改行してあると、トピックとレイアウトの対応が曖昧になってしまいます。改行できないのですから、空白行を入れることも、書き出しを字下げすることもできません。

悪い例：　　　　　　　　　　　　改行してはいけない

　当社のすべてのクルマは、独自技術によって低燃費・低排出ガスを実現しています。
当社のすべてのクルマが、環境省指定の低排出ガス車の規制をクリアしています。さらに、ハイブリッド車の販売はもちろん、電気自動車や燃料電池自動車といった次世代のクリーンエネルギー車の開発にも力を入れています。

　生産工場では、関係法規の遵守はもちろん、環境負荷の低減と環境問題の防止に取り組んでいます。CO_2排出量の低減、……

空間的なゆとりがほしいなら、箇条書きを使ったり、文章ではなく図などで説明したりしましょう。箇条書きするときや図を挿入するときは、パラグラフの途中であっても改行してかまいません。

●パラグラフは、4〜8文を目安とする

　各論のパラグラフの大きさは、文の数にすると4から8が目安です。短すぎても長すぎてもいけません。ただし、総論のパラグラフは例外的に短くなることがあります。

　パラグラフを、1〜2文で作ってはいけません。それでは文単位で文章を書いているのと何も変わりません。そんな小さな単位で、人は思考してはいません。たとえば、このページだけでも、17文あります。このページを17ものパラグラフに分けたら、ロジックは伝わりません。

　逆に1ページにもなるような巨大なパラグラフを作ってもいけません。そんな大きな単位で、人は思考してはいません。あるトピックの説明が、1ページにもなるなら、複数の小トピックに分けて、それぞれをパラグラフとします。

　ただし、そのパラグラフに図表が入るなら、パラグラフの文の数は少なくなります。なぜなら、図表には、複数の文に相当する情報が含まれているからです。図表をパラグラフの補足情報とするなら、そのパラグラフには文が1つしかないこともあります。要約文と、補足情報としての図表だけでパラグラフが構成されることはよくあることです。

また、そのパラグラフが総論なら、1〜2文だけで構成されることもあります。総論は概略しか述べません。補足情報のないパラグラフです。したがって、各論のパラグラフに比べるとずっと短くなります。

コラム >>> すべてのパラグラフに見出しが付く

　付けようと思えば、すべてのパラグラフに見出しを付けられます。なぜなら、1つのパラグラフは1つのトピックを述べているからです。すべてのパラグラフには、異なるトピックが割り振られているのです。そのトピックを見出しにすれば、すべてのパラグラフに異なる見出しが付きます。

　見出しは、なるべくなら付けた方が効果的です。わずかな時間で、論理構成を把握できます。したがって、なるべくなら見出しを付けるように心がけるべきです。

　しかし、長い文章では、すべてのパラグラフに見出しを付けるわけにはいきません。何十ページもあるレポートで、すべてのパラグラフに見出しが付いていると、逆にうるさく感じます。階層も深くなりすぎるでしょう。

　したがって、長い文章では、パラグラフには見出しを付けずに、階層にのみ見出しを付けます。この本が、その形で書かれています。この本の書き方を参考にしてください。

2.5 注意すべきこと

1つのパラグラフでは1つのトピックだけを述べます。このとき、次のことに注意しましょう。
- 小さすぎるパラグラフを作らない
- 大きすぎるパラグラフを作らない
- 具体的なトピックを設定する
- 情報を厳密に分類する

●小さすぎるパラグラフを作らない

1つのパラグラフが、1～2文で終わってしまうなら、そのトピックに対しての説明が足りないか、トピックを小さく切りすぎたかです。

トピックの説明が足りない場合は、より詳しい補足情報を加えましょう。具体例やデータを挙げたり、分かりやすく言い換えたりすると効果的です。説明が足りないと、読み手が、書き手の述べているポイントを理解できなかったり、納得できなかったりします。補足情報については、「4 補足情報で補強する」（114ページ）を参照してください。

トピックを小さく切りすぎた場合は、小さく切りすぎたトピックを集めて、上位概念をパラグラフとしましょう。たとえば、あるタイマーに、次の3つの動作モードが設定されているものとします。このとき、各動作モードの説明が1～2文で終わるなら、「動作モード」というトピックのパラグラフを作ります。

> **例:**
>
> 　本タイマーには、下記の3つの動作モードがあります。
> カウントダウン：　秒数を指定時間から0まで表示します
> カウントアップ：　秒数を0から指定時間まで表示します
> ストップウォッチ：0からの経過秒数を表示します

●大きすぎるパラグラフを作らない

　逆に、**1つのパラグラフが1ページにもなるようなら、そのトピックを小トピックに分けて、階層化しましょう**。たとえば、先の例で、各動作モードの説明に3文以上必要なら、「動作モード」という階層を作り、3つの動作モードそれぞれをパラグラフとします。

> **例:**
>
> 　本タイマーには、下記の3つの動作モードがあります。
> ・カウントダウン
> ・カウントアップ
> ・ストップウォッチ
>
> **カウントダウン**
> 　カウントダウンモードでは、秒数を指定時間から0まで表示します。このモードは、たとえば……（この後、複数の文が続く）

> **カウントアップ**
>   カウントアップモードでは、秒数を0から指定時間まで表示します。このモードは、たとえば……（この後、複数の文が続く）
>
> **ストップウォッチ**
>   ストップウォッチモードでは、0からの経過秒数を表示します。このモードは、たとえば……（この後、複数の文が続く）

●具体的なトピックを設定する

パラグラフは、具体的なトピックでまとめましょう。たとえば、製品を紹介する文章では、「動作速度」や「消費電力」という具体的なトピックでパラグラフを作りましょう。抽象的なトピック、たとえば「機能」というトピックでパラグラフを作ってはいけません。これでは、このパラグラフに非常に多くの情報が含まれてしまうことになります。

具体的なトピックでも、パラグラフの見出しが「AとB」の形になってはいけません。たとえば、「動作速度と消費電力」という見出しのパラグラフを作ってはいけません。見出しを見ただけで、そのパラグラフでは2つのトピックを述べていることが分かります。

●情報を厳密に分類する

パラグラフを、厳密に同じ種類の情報だけで構成すると、文章の論理性が増します。

たとえば、ある二足歩行型ロボットの動作上の特徴をパラグラフにまとめようとしているとします。このロボットには、以下のような動作上の特徴があったとしましょう。
- 人の手の動きを認識できる
- 感情を動作で表現できる
- プログラムされた文を発話できる
- 簡単な単語なら理解できる
- 目の動きで意思を表示する
- 触られた強弱を感じ取る

　このとき、6項目全部で「動作」というパラグラフを作るのではなく、「受信」と「送信」に分けてパラグラフ化した方が論理的になります。

例：

受信

　本ロボットは、視覚・聴覚・触覚で、人からのコミュニケーションを理解します。

視覚：　人の手の動きを認識できる
聴覚：　簡単な単語なら理解できる
触覚：　触られた強弱を感じ取る

送信

　本ロボットは、動作・声・目で、人に働きかけます。

動作：　感情を動作で表現できる
声：　　プログラムされた文を発話できる
目：　　目の動きで意思を表示する

2.6 悪い文章と書き直し例

●1つのパラグラフに2つのトピックが述べられている例

　以下の文章は、第3パラグラフに2つのトピックが述べられています。「各種コンポーネントはすべて、前面スライド着脱とし、保守時間の短縮を図っています」のパラグラフで、「増設HDDは、拡張用3.5型ベイで本体内部に設置できます」のような別のトピックを述べてはいけません。

　本体カバーにオープン機構を採用し、保守性を向上しています。この本体カバーを約80度開く機構により、本体カバーを取り外す従来方式と比較して、本体カバーを脇に置く手間を省けます。そのため、各種コンポーネントの拡張や、障害発生時の保守が、より迅速に簡単に行えます。オープン機構の概略図を図1に示します。

　本体カバーにロック機構を採用し、保守時の安全性に配慮しています。本体カバーは、約80度の角度に開くと、カチッと音がしてロックされ、手を離しても本体カバーが倒れない構造としています。また、ロックを解除する際も、本体カバーを手で支えてからでないと解除できない工夫を採り入れています。このロック機構により、お客様に安心してお使いいただけます。

　各種コンポーネントはすべて、前面スライド着脱とし、保守時間の短縮を図っています。従来、DVDドライブや内蔵HDD、増設HDDなどを交換、増設する際

> は、本体を広いスペースに移動し、本体カバーを開け
> てから作業していました。それでは、保守に時間がか
> かります。そこで、各種コンポーネントを前面スライ
> ド着脱とすることにより、保守時に本体を動かす必要
> がなく、各コンポーネントを独立して交換できるよう
> にしました。増設HDDは、拡張用3.5型ベイで本体内
> 部に設置できます。

●**書き直し例**

　最も簡単な修正は、「増設HDDは、拡張用3.5型ベイで本体内部に設置できます」の文を削除することです。書き手は、「増設HDD」の連想から、「増設HDDは、拡張用3.5型ベイで本体内部に設置できます」と書いてしまったのでしょう。しかし、このパラグラフのそもそものトピックは、「各種コンポーネントはすべて、前面スライド着脱とし、保守時間の短縮を図っています」です。保守時間の短縮に関わることしか書けません。「増設HDD」つながりで、別の話にそれてはいけません。連想ゲームではないのです。

　別の修正として、「増設HDDは、拡張用3.5型ベイで本体内部に設置できます」の文から、第4のパラグラフを起こすこともできます。たとえば、「3.5型ベイを本体内部に用意し、拡張性を高めています」という文を要約文として先頭に置きます。その後、いかに拡張性に優れているかを具体的に説明してパラグラフとするのです。

2.7 理解の確認

　下記の文章は、1文ごとに改行しているので、レイアウトからではパラグラフの切れ目が分かりません。そこで、文章の内容からパラグラフ単位に切り分けましょう。ただし、この文章に総論は書かれていません。

1. バブル崩壊後、年功序列型賃金制度が総人件費の高騰で維持しきれなくなりました。
2. 仮にベースアップを0にしても、定期昇給だけで人件費は高騰し続けます。
3. 競争力のある分野に絞り込んだ結果、高い給料の割には戦力にならない高齢者もいます。
4. 結果として、年功序列型賃金制度を維持していたのでは、総人件費が会社の経営を圧迫してしまいます。
5. そこで、総人件費を減らすために、多くの企業が成果主義を導入しました。
6. 限られた原資（総人件費）を分配するのに、実績に応じて配分するのが最も従業員の士気を高めると考えられたからです。
7. 現在、年商100億円以上の企業では、8割以上が何らかの形で成果主義を導入しています。
8. 中小企業でも、6割が成果主義を一部導入しています。
9. しかし、その成果主義にも問題が出てきました。
10. まず、公平な評価が難しいため、評価不満を持つものが増えました。
11. 成果として直接認められる仕事を優先し、部下育成の

ような目標設定にはない仕事を軽視するようになりました。
12. 目先の目標達成にばかり目がいき、チャレンジもしなくなりました。
13. そこで、この問題に対して、成果主義に修正を加える動きも出てきています。
14. S商事では、大卒の基幹職に関しては、入社後10年間は昇格に個人差を付けないように変更しました。
15. K製薬は、人事評価の尺度に「後輩育成」を導入しています。
16. F電機は、個人目標の達成度に加え自分の部署への貢献度も評価するように変更しました。

ヒント：

　1つのパラグラフでは、1つのトピックだけを4〜8文で述べます。たとえば、「成果主義を導入」というトピックのパラグラフを作ったら、「成果主義を導入」に関わることは、すべてそのパラグラフで述べきらなければなりません。同じトピックを、細切れのパラグラフにしてはいけません。

注意：

　この文章は、取り組みやすさを考慮して、わざと短めのパラグラフで構成しています。

第2部　パラグラフで書く

●パラグラフに切った文章

　バブル崩壊後、年功序列型賃金制度が総人件費の高騰で維持しきれなくなりました。仮にベースアップを0にしても、定期昇給だけで人件費は高騰し続けます。競争力のある分野に絞り込んだ結果、高い給料の割には戦力にならない高齢者もいます。結果として、年功序列型賃金制度を維持していたのでは、総人件費が会社の経営を圧迫してしまいます。（文1～4）

　そこで、**総人件費を減らすために、多くの企業が成果主義を導入しました。**限られた原資（総人件費）を分配するのに、実績に応じて配分するのが最も従業員の士気を高めると考えられたからです。現在、年商100億円以上の企業では、8割以上が何らかの形で成果主義を導入しています。中小企業でも、6割が成果主義を一部導入しています。（文5～8）

　しかし、**その成果主義にも問題が出てきました。**まず、公平な評価が難しいため、評価不満を持つものが増えました。成果として直接認められる仕事を優先し、部下育成のような目標設定にはない仕事を軽視するようになりました。目先の目標達成にばかり目がいき、チャレンジもしなくなりました。（文9～12）

　そこで、**この問題に対して、成果主義に修正を加える動きも出てきています。**S商事では、大卒の基幹職に関しては、入社後10年間は昇格に個人差を付けないよ

94

うに変更しました。K製薬は、人事評価の尺度に「後輩育成」を導入しています。F電機は、個人目標の達成度に加え自分の部署への貢献度も評価するように変更しました。(文13〜16)

●解説

1つのトピックで1つのパラグラフを作ります。第1パラグラフのトピックは、文1から判断すると、「年功序列型賃金制度が維持しきれなくなった」です。したがって、いかに年功序列型賃金制度が維持しきれなくなっているかの説明や、なぜ維持しきれないのかの説明や、その具体例などは、同じ1つのパラグラフです。他のパラグラフでも、同様に考えます。

具体例を見ると、パラグラフを切りたくなる人がいますが、具体例は代表的な補足情報です。具体例は、要約文で述べたことに納得感を持たせるために述べる情報です。ですから、パラグラフの中で書くべき情報です。ただし、ある具体例を取り立てて詳しく説明する場合は、具体例で1つのパラグラフにすることもあります。

この文章のロジックの流れは、以下のようになります。
1. 年功序列型賃金制度が維持しきれなくなった
2. そこで、多くの企業が成果主義を導入した
3. しかし、その成果主義にも問題が出てきた
4. そこで、成果主義に修正を加える動きも出てきている

3 要約文で始める

この章のPOINT

パラグラフは、トピックを示す文（＝要約文）で書き始めます。先頭に要約文があれば、読み進むべきかの判断が素早くできますし、詳細も分かりやすくなります。要約文は、具体的に、かつ簡潔に書きます。

3.1 書き方のポイント

パラグラフの先頭には、そのパラグラフで言いたいトピックを示した文（＝要約文）を置きます。要約文は、トピックセンテンスや主題文などと称されることもあります。この要約文でパラグラフを書き始めたら、次に要約文の内容を詳しく解説し、必要があればまとめの文を述べてパラグラフを終わります。つまり、パラグラフという小さな固まりにおいても、総論−各論−結論の構成を守ります。

この要約文だけを集めて読んでも、ロジックが理解できるように文章を構成します。ロジックを構成している各トピックが、それぞれ1つのパラグラフに割り当てられています。そのパラグラフのトピックが要約文に表現されています。したがって、各パラグラフの要約文だけを読んでも、その要約文どうしがつながって、ロジックが分かるはずです。逆に言えば、そうなるようにパラグラフを構成します。

3.2 具体例

　以下の文章（総論は省略）は、各パラグラフが要約文（下線の文）で始まっています。

　社内ベンチャー制の目的は、企業内起業家を育成することで組織を活性化することです。大規模な企業では、現状維持でも利益を生むため、組織が硬直化しやすくなります。その結果、斬新なアイデアや意欲ある人材が、組織の中で埋没してしまいます。そこで、その埋没しているアイデアや人材を掘り起こそうというわけです。

　しかし、日本は、企業内起業を除くと起業率が際だって低いのが現状です。米国の起業率は13％、欧州各国は4〜8％であるのに対し、日本はわずか1％しかありません（下図参照：図は省略）。先進国の中では最低です。

　起業率が低いのは、投資会社がベンチャー企業への投資をためらいがちなせいです。日本におけるベンチャー企業への投資総額は、734億円（2012年統計）と、アメリカの約40分の1に過ぎません。投資が得られなければ、ベンチャー企業は成功せず、さらに投資する会社が減るという悪循環が生じています。投資が得られずに自己資本で起業するのでは、リスクが高くて、起業マインドが育ちません。（以下省略）

3.3 有効性

パラグラフを要約文で始めると、主に次の4つの効果が期待できます。この有効性は、「1 総論のパラグラフで始める」(46ページ参照) と全く同じです。

- (読み手は) 詳細を読み進むべきかを判断できる
- (読み手は) 詳細を容易に理解できる
- (読み手は) 根拠の正当性を読みながら確認できる
- (書き手は) 大事な情報を強調できる

●読み進むべきかを判断できる

パラグラフが要約文で始まっていれば、読み手は、パラグラフを読み進むべきかを、第1文で判断できます。

要約文で理解できた、納得できたなら、そのパラグラフはそれ以上読み進む意味はありません。その先を読んでも、どうせ知っているようなことが書いてあるだけです。要約文から先の補足情報では、より分かりやすくするために詳しく説明したり、言い換えをしたりしているだけです。あるいは、より説得力を持たせるために、具体例を挙げたり、データで補強したり、根拠を述べたりしているだけです。

一方、要約文では理解できない、納得できないなら、その先を読み進みましょう。その先では、要約文で書いたことを、詳しく説明したり、言い換えをしたりしているので、よりしっかり理解できるはずです。あるいは、具体例を挙げたり、データで補強したり、根拠を述べたりしてい

るので、要約文の内容に、より納得感が増すはずです。

●容易に理解できる

パラグラフが要約文で始まっていれば、読み手は、その先の補足情報が読みやすくなります。要約文によってメンタルモデル（39ページ参照）ができるからです。このパラグラフには、こんな内容が書かれているはずだと予想して読めるのです。内容が予想できれば、情報処理に必要な関連情報もあらかじめ活性化できます。

●根拠の正当性を確認できる

パラグラフが要約文で始まっていれば、読み手は、根拠の正当性を容易に確認できます。パラグラフでは、主張が要約文に、根拠が要約文の後に書かれています。最初に述べられている主張を頭に入れてから、後の根拠を読めます。したがって、その主張が根拠で正しく支持されているかを読みながら確認できます。

●大事な情報を強調できる

パラグラフが要約文で始まっていれば、書き手は、パラグラフのポイントを強調できます（右図）。強調のポジション（42ページ参照）でパラグラフのポイントが述べられていれば、そのポイントが強く頭に残ります。それだけ、文章のロジックを理解しやすくなります。

3.4 書き方のコツ

要約文は、ポイントを1文にまとめて、前のパラグラフの要約文や総論とつなげます。

● 1文で書く

要約文は、そのパラグラフのポイントを必ず1つの文で表現します。絶対に複数の文にはなりません。1つのパラグラフでは1つのトピックを述べます。トピックが1つなら、必ず1つの文で表現できます。要約文が1つの文で表現できないなら、そのパラグラフには2つのトピックが書かれているのかもしれません。であるなら、パラグラフを分割する必要があります。

> 悪い例：
> 本製品には光センサが内蔵されています。これによって、開閉に合わせて自動的に電源をオン／オフします。

> よい例：
> 本製品は、内蔵の光センサによって、開閉に合わせて自動的に電源をオン／オフします。

● パラグラフの先頭に書く

要約文は必ずパラグラフの先頭に置きます。意識して書かない限り、要約文はパラグラフの先頭には出てきません。人は考えたことを考えた順に、やったことをやった順に書けば、大概においてポイントは最後に出てきます。

> **悪い例：**
>
> 　Y電機は、転換社債で得た資金で新規大型店を次々に出店した。新規出店により業績が急進すれば株価が上昇する。株価が上がれば投資家は、転換社債を株式に転換して利益を得ようとする。社債の株式転換が進むと負債が資本に入れ替わる。このような仕組みで、Y電機は、実質無借金で出店資金を調達した。

> **よい例：**
>
> 　Y電機は、実質無借金で出店資金を調達した。まず、Y電機は、転換社債で得た資金で新規大型店を次々に出店した。新規出店により業績が急進すれば株価が上昇する。株価が上がれば投資家は、転換社債を株式に転換して利益を得ようとする。社債の株式転換が進むと負債が資本に入れ替わる。つまり、実質無借金で出店資金が手に入る。

●前のパラグラフの要約文とつながるように書く

　要約文は、前のパラグラフの要約文とつながるように書きます（右図参照）。要約文だけで、ロジックが伝わらなければなりません。そのためには、前のパラグラフの要約文を見ながら、次のパラ

要約文だけで
意味が
通らなければ
ならない

前の
パラグラフの
要約文を見て
書く

グラフの要約文を書きます。要約文は、直前の文（前のパラグラフの最後に書いた文）とつなぐのではありません。

●総論と対応するように書く

さらに、**要約文は総論のパラグラフと対応するように書きます**。総論のパラグラフで述べた重要な情報は、各論のパラグラフで詳細に説明します。したがって、総論のパラグラフと各論のパラグラフの要約文は、対応しなければなりません（下図参照）。ただし、重要性の低いトピックは、総論では述べません。したがって、重要性の低いトピックなら、そのパラグラフの要約文は、総論と対応しません。

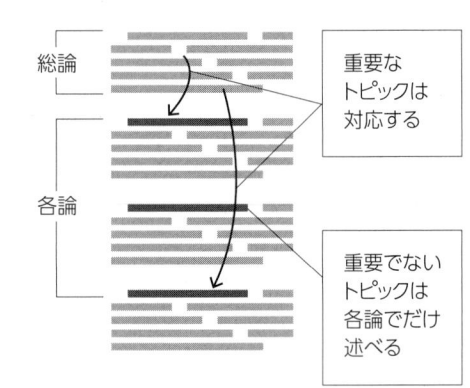

- 総論
- 各論
- 重要なトピックは対応する
- 重要でないトピックは各論でだけ述べる

●要約文の例外

総論や結論のようにまとめをしているパラグラフでは、要約文に相当する文がないこともあります。また、あったとしてもパラグラフの先頭に出るとは限りません。

結論の文がない文章では、総論のパラグラフに要約文がありません。たとえば、週報や議事録などです。

> **週報の総論のパラグラフ例：**
>
> 　11月13〜20日の進捗を報告します。
> ・山岡不動産向け提案書およびプレゼンテーションの作成完了
> ・曙建設向け提案書の検討：進捗60％
> ・ビジネスショー見学とトレンド分析の報告書作成
> なお、内田電装からのクレームについては、対応策を説明し、先方の検討結果待ち。

また、非公式な文章や小論文、学会論文では、総論のパラグラフの要約文が、そのパラグラフの先頭には出ません。 これらの文章では、総論を目的と要約の2つに分けずに、1つのパラグラフにまとめるからです。1つのパラグラフで、背景から目的、結論などを述べれば、結論の文（下記例での下線のある文）、つまり要約文は、最後に回ります。

> **非公式な文章の総論のパラグラフ例：**
>
> 　家電量販店を全国展開するY電機急成長の要因を分析した。Y電機急成長の要因は、大規模店の大量出店と低コスト体質の構築という2つの戦略にある。

> **学会論文の総論のパラグラフ例：**
>
> 　生体認証としての顔照合技術は、抵抗感の少なさ、非接触、顔画像履歴保存といった特長から関心を集めている。（中略：全文は56〜57ページ参照）また、大人数の評価でも、本人排除率0.22％、他人受理率0.08％という高い精度を確認した。これにより、入退

> 室管理システムに応用できる顔照合セキュリティシステムを実現できた。

　総論や結論のようにまとめをしているパラグラフでも、できるなら要約文を先頭に書きます。たとえば、下記に示す、典型的な総論のパターン（54ページ参照）で書いた総論では、目的のパラグラフ（＝「序」）では要約文（下線のある文）が最後にきますが、要約のパラグラフ（＝「概要」）では要約文（下線のある文）が先頭にきます。

> **例：**
>
> **序**
> 　当社では、営業用の社用車として、7年前に購入したDoyota社のスターダストを10台使用しています。しかし、事業の拡大に伴い社用車が不足しがちです。そこで、追加購入するにあたり、8社17車種から最適な車種を選定しました。
>
> **概要**
> 　検討の結果、以下の理由から、Ponda社のホワイトイーグルを推奨します。
> - 32km/lと経済的な燃費
> - お客様をお乗せするにも適している高級感のある内装
> - 営業用段ボールが6箱入る広いトランクルーム
>
> 本体価格はやや割高なものの、補助金、減税、優れた燃費までを考慮すればコスト削減になります。

コラム >>> 要約文がうまく書けないときは

パラグラフの要約文がうまくまとまらない、あるいは要約文の後に文章が続かないなら、パラグラフを切ることを考えましょう。

1つのパラグラフで2つのトピックを押し込んでしまうと、要約文がうまく書けません。2つのトピックがあるので、要約文が2文になってしまったり、いやに長くなってしまったりします。

また、1つのパラグラフで2つのトピックを押し込んでしまうと、要約文の後に文章が続かなくなります。たとえば、AとBの2つのトピックを1つのパラグラフで述べた場合を考えましょう。要約文はA＋Bの形になります。A＋Bの文の後にAの詳細説明をすると、BからAという逆向きの流れができてしまうので、文章がつながらないのです。

しかし、「パラグラフを切る」という発想は出にくいのです。要約文がうまく書けないと、要約文を何とか改良しようと考えがちです。要約文に問題があるのだから、要約文を直すと考えるのが自然だからです。対策をとる場所を間違えていますので、効果は期待できません。

要約文がうまく書けないなら、「パラグラフを切る」ことを思い出してください。

3.5 注意すべきこと

パラグラフを要約文で始めるにあたっては、次のことに注意しましょう。

- 具体的に書く
- 簡潔に書く
- キーワードを文頭にして書く

●**具体的に書く**

要約文は、その文だけで分かるように具体的に書きましょう。 ポイントが具体的に書いてあるから、その先を読み進むべきかの判断ができるのです。抽象的に書いてあったのでは、読み進む価値があるか分かりません。

> **悪い例：**
> 本製品の2番目の特徴について以下に述べる。

> **よい例：**
> 本製品の2番目の特徴は、1000万画素の高画質です。

●**簡潔に書く**

要約文は、ポイントを強調できるように、簡潔に書きましょう。 情報を絞ることで強調するのです。ダラダラ書くと、不要な情報で重要な情報がぼけてしまいます。パラグラフの最初という強調のポジションに、重要な単語だけで構成された文が書かれているので、強く読み手の頭に残るのです。ポイントをすぱっと述べることが大事です。

> **悪い例：**
>
> 本製品の2番目の特徴は、業界では唯一の1000万画素を有するCCDカメラによって実現できた、髪の毛一本一本が見分けられるほどの高画質です。

> **よい例：**
>
> 本製品の2番目の特徴は、1000万画素の高画質です。

●キーワードを文頭にして書く

要約文は、できればキーワードを文頭にして書きましょう。パラグラフの先頭は、最も目立つ位置（右図参照）です。ここにキーワードを置くだけで、そのキーワードが強調できます。要約文の文頭がキーワードになっていれば、見出しが使えないような場合でも、キーワードが見出しの代わりになります。ただし、不自然な日本語にしてまで、キーワードを文頭にする必要はありません。

> **悪い例：**
>
> 保障プランの設計書作りやシミュレーションは、コンサルティングの要である。

> **よい例：**
>
> コンサルティングの要は、ライフプランナーによる保障プランの設計書作りである。

第2部 パラグラフで書く

3.6 悪い文章と書き直し例

●要約文が書かれていない例

下記の文章では、第2パラグラフの先頭文が要約文になっていません。その結果、第2パラグラフの先頭文は、前後のパラグラフの先頭文とつながりません。

　大学入試でアドミッション・オフィス（AO）入試の流れが加速している。AO入試とは、主に書類と面接で選抜する選考方法だ。慶應や早稲田など難関私大をはじめ、国公立でも40校以上が採用している。私立大に限ると、全体の8割近い大学がAO入試を実施している。

　18歳人口が減少した結果、今や、選びさえしなければ、誰でも大学に入学できるようになった。4年制私立大学の50%近くが定員割れの現状だ。少ない学生を、多くの大学が奪い合っている。大学は、入試にかかる負担を軽くすることで、学生を集めようとしている。

　しかし、AO入試の目的を学生集めととらえている学校では、学生の質の低下に苦慮している。AO入試では、学力試験がないので、基礎学力もないまま入学してくる。これでは大学の専門講義についていけない。結局、中退する学生も増える。学力不足を補うために、中学や高校の補習授業を実施しているのが実情だ。

　一方で、AO入試の目的には、やる気や目的意識を

108

持った学生を優先的に入学させる意図もある。やる気や目的意識があれば、広範囲な一般入学試験の成績がふるわなくても、専門分野を深める大学では十分に活躍できる。埋もれた才能を、AO入試で拾おうというわけだ。

このような目的でAO入試を実施している学校では、学生の質が高い。慶應大学では、学業や文化活動などにおいて、AO入試で入学した学生は一般入試の学生よりもよい結果を出している。一般入試で入った学生が、AO入試の学生から刺激を受けるという相乗効果も確認できるという。

●書き直し例

第2パラグラフを以下のように書き直せばいいでしょう。こう書き直すことによって、5つのパラグラフの先頭文だけで、文章のロジックが分かります。

AO入試流行の背景には、少子化の中で学生を有利に集めたいという目的が見る。18歳人口が減少した結果、今や、選びさえしなければ、誰でも大学に入学できるようになった。4年制私立大学の50%近くが定員割れの現状だ。少ない学生を、多くの大学が奪い合っている。大学は、入試にかかる負担を軽くすることで、学生を集めようとしているのだ。

3.7 理解の確認

　下記の文章は、温室効果ガスの削減の仕組みについて調査したレポートの中のある階層です。第1パラグラフがこの階層の総論で、第2～5パラグラフは各論です。この文章は、5つのパラグラフすべてで、要約文が先頭に書かれています。しかし、その中に、効果的な形に書かれていない要約文があります。そこで、不十分な要約文を見つけ出し、より効果的な形に書き直しましょう。

　地球温暖化防止のために、温室効果ガスの排出枠を売買する排出量取引などの仕組みが進められつつあります。この排出量取引には、国際取引制度と国内取引制度があります。この排出量取引とは別に、消費者に環境対策費用を負担してもらう方法も提案されています。

　削減目標を自国内の対策だけでは達成困難な場合、他の国の排出枠も利用できるのが国際取引制度です。以下の3つの制度があります。
- 先進国が途上国に投資して排出削減した場合、削減分を投資国が自国の排出枠に加えられる
- 先進国が共同して排出削減事業を行い、排出削減した分を折半する
- 先進国同士が排出枠を売買する

　国内取引制度は、政府が各企業に許容排出枠を分配

し、これを各企業が市場で売買する、キャップ・アンド・トレード方式で、すでにEU内では実施され、日本国内でも検討が始まっています。低コストで排出削減できる企業が排出枠を売り、高コストでないと排出削減できない企業は排出枠を買うことになります。結果として、社会全体としては低コストで排出量を削減できます。

　しかし、この排出量取引は、「お金さえ出せばそれで済むのか」という道義的な異論もあります。排出量取引は、CO_2を排出する権利を金で買うことにもなります。本来、温室効果ガス抑制は、すべての企業や国が、等しく努力すべき問題です。しかし、排出量取引では、金持ちの企業、金持ちの国が、自分たちのエゴをお金で通すことになりかねません。「お金さえ出せばそれで済む」ような制度には、道義的な問題があるというわけです。

　そこで、排出量取引とは別に、他の方法が提案されています。たとえば、商品やサービスに環境対策費を上乗せし、その費用で、企業が植林などの環境対策に取り組むシステムです。この方法は、国が主体となると、環境税という形になります。国がやらないまでも、一部の企業では、すでに自主的に海外で植林などの活動をしています。この方法は、消費者に環境対策費用を負担してもらうことになります。

第2部　パラグラフで書く

●修正すべき要約文

> **第2パラグラフ：**
> 　国際取引制度は、削減目標を自国内の対策だけでは達成困難な場合、他の国の排出枠も利用できる仕組みです。
>
> **第3パラグラフ：**
> 　国内取引制度は、政府が各企業に許容排出枠を分配し、これを各企業が市場で売買する仕組みです。
>
> **第5パラグラフ：**
> 　そこで、排出量取引とは別に、消費者に環境対策費用を負担してもらう方法が提案されています。

●解説

　第2パラグラフの要約文は、キーワードが文頭に書かれていません。キーワードは、国際取引制度です。第1パラグラフの総論で、「この排出量取引には、国際取引制度と国内取引制度があります」と述べています。となれば、この後は、キーワードを文頭に「国際取引制度は」「国内取引制度は」と展開すべきです。実際、第3パラグラフの要約文は、「国内取引制度は」で始まっています。

　第2パラグラフの要約文は、総論と対応して、各論の要約文が書かれている例です。「3.4 書き方のコツ」の「総論と対応するように書く」（102ページ参照）で学習したことを思い出しましょう（次ページの図も参照）。

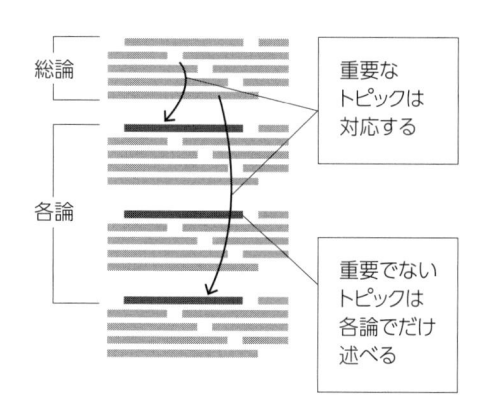

[図：総論と各論の対応関係を示す模式図。総論の重要なトピックは各論と対応するが、重要でないトピックは各論でだけ述べる]

第3パラグラフの要約文は、簡潔に書かれていません。大事な情報に絞り込んで簡潔に述べましょう。要約文をダラダラ書くとポイントがぼけます。

第5パラグラフの要約文は、具体的に書かれていません。「他の方法」では曖昧です。「消費者に環境対策費用を負担してもらう方法」なら、短い表現ですがより具体的です。実は、第1パラグラフ（総論）には、この第5パラグラフに対応する情報が、「消費者に環境対策費用を負担してもらう方法」と具体的に書いてあります。

ちなみに、第4パラグラフの内容が、第1パラグラフ（総論）に反映されていないのは、その重要性が低いからです。総論では、各論で述べる重要な情報を総括します。各論に書いたすべての情報を総論で総括するわけではありません。その階層が長いなら、重要性の低い情報は落として総論を作ります。

第2部 パラグラフで書く

4 補足情報で補強する

この章のPOINT

パラグラフでは、補足情報によってパラグラフのトピックを補強します。この補足情報こそが、文章の説得力や論理性を生みます。補足情報は、具体的に詳しく書くのがコツです。

4.1 書き方のポイント

パラグラフでは、要約文の後、補足情報の文によって、そのトピックをより詳しく説明します（右図参照）。補足情報では、要約文で示したトピックを、より丁寧に説明したり、具体例やデータを挙げたり、根拠を示したりします。補足情報は、文だけではなく、図や表、グラフ、写真の場合もあります。

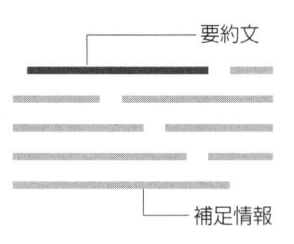

――― 要約文

――― 補足情報

この補足情報まで読めば、読み手全員が要約文に納得するように説明します。要約文で示したトピックに対して、「本当にそうか？」とか「どういう意味だ？」と思う読み手が、「なるほどそうだな」と思うような説明を加えます。具体的には、より丁寧な説明や具体例、データ、根拠などです。

4.2 具体例

以下の文章（総論は省略）は、要約文のトピックが、その後の補足情報（グレーの部分）で補強されています。

社内ベンチャー制の目的は、企業内起業家を育成することで組織を活性化することです。大規模な企業では、現状維持でも利益を生むため、組織が硬直化しやすくなります。その結果、斬新なアイデアや意欲ある人材が、組織の中で埋没してしまいます。そこで、その埋没しているアイデアや人材を掘り起こそうというわけです。

しかし、日本は、企業内起業を除くと起業率が際だって低いのが現状です。米国の起業率は13％、欧州各国は4〜8％であるのに対し、日本はわずか1％しかありません（下図参照：図は省略）。先進国の中では最低です。

起業率が低いのは、投資会社がベンチャー企業への投資をためらいがちなせいです。日本におけるベンチャー企業への投資総額は、734億円（2012年統計）と、アメリカの約40分の1に過ぎません。投資が得られなければ、ベンチャー企業は成功せず、さらに投資する会社が減るという悪循環が生じています。投資が得られずに自己資本で起業するのでは、リスクが高くて、起業マインドが育ちません。（以下省略）

4.3 有効性

パラグラフに補足情報を加えると、主に次の2つの効果が期待できます。
- （読み手は）トピックをより正確に理解できる
- （書き手は）説得力や論理性を持たせられる

● **正確に理解できる**

パラグラフに補足情報があれば、読み手は、そのパラグラフのトピックを、より正確に理解できます。補足情報を読まなくても、そのトピックが理解できる読み手は、補足情報を読む必要はありません。

たとえば、「**今後は、システムインテグレーションというビジネスが伸びるだろう**」という要約文だけでは理解できない人が出ます。読み手によっては、「システムインテグレーションとは何だ？」とか、「なぜ、システムインテグレーションが伸びるのか？」という疑問が湧くでしょう。こういう読み手は、要約文だけでは「システムインテグレーションが伸びる」ことが理解できません。

そこで、**システムインテグレーションとは何で、なぜ伸びるのかを、補足情報として加えるのです**。たとえば、「システムインテグレーションとは、顧客の業務に合わせて、情報システムの企画、構築、運用などを一括管理するビジネスだ」という情報です。あるいは、「システムインテグレーションでは、各ポイントで、最も安価で、機能に優れた

商品を組み合わせてシステムを構築する」という情報です。

補足情報を読まなくても、要約文を理解できるなら、補足情報は読み飛ばしてかまいません（右図参照）。 なぜなら、補足情報は、要約文ではポイントが理解できない、納得できない読み手に向けて書いてあるからです。たとえば、先の例で、システムインテグレーションとは何で、なぜ伸びるのかを知っている読み手なら、その詳細説明を読む意味はありません。

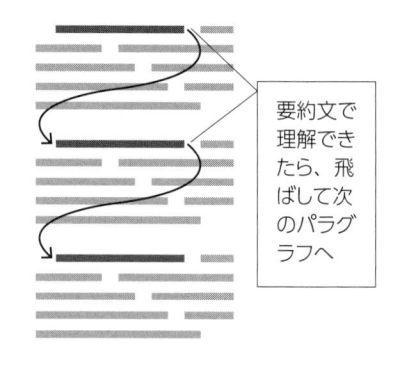

要約文で理解できたら、飛ばして次のパラグラフへ

●説得力や論理性を生む

パラグラフに補足情報があれば、ロジックに説得力や論理性を持たせられます。説得力や論理性は、ロジックそのものだけに備わっているのではありません。

たとえば、ある提案書のあるパラグラフの要約文が、「モデル○○は、バッテリーで6時間も駆動できます」だったとしましょう。 この提案書は、複数の市販パソコンから、会社で使うパソコンを1台選んで推奨していると考えてください。書き手は、バッテリー駆動時間などを優先して機種を選定したので、上記のような要約文を書いたとします。

しかし、このパラグラフに、この要約文だけが書かれていたら、説得力のない提案書になります。なぜなら、次のように思う人を説得できないからです。「バッテリーで6時間も駆動できる必要はない。そのような使い方はしない。バッテリーは2〜3時間持てば十分。それより、CPUが速い、ディスプレイサイズの大きいパソコンが使いやすい」

　説得力を生むためには、補足情報で要約文に納得感を持たせなければなりません。つまり、「なぜバッテリーが6時間持たなければならないのか」を具体的に説明するのです。具体的な使い方を説明すれば、読み手は、「なるほど、CPU速度やディスプレイサイズよりも、バッテリー駆動時間の長いことが重要だ」と納得するのです。

　納得感のあるトピックだけでロジックが構築されていると、ロジック全体や結論に説得力が出ます。ロジックは、要約文で構成されています。その要約文すべてに納得感があれば、ロジックに説得力が生まれるのです。ある1つの要約文でも納得感がなければ、そのトピックが穴となって、そのロジックには説得力が生まれにくくなります。

　説得力や論理性は、ロジックそのものだけが生むのではありません。ロジックだけなら、読み手は、「ふーん。君はそう考えたんだ。君の考えは理解できたよ。でも、私は違う意見だよ」と思うだけです。読み手が、「なるほど、君の意見はもっともだ」と思うのは、補足情報によってすべてのトピックに納得感があるときです。

コラム >>> 補足情報は文学でも使われる

　補足情報を加えることは、実は、文芸的な文章でも定番のテクニックです。

　たとえば、2010年の第52回日本レコード大賞で作詩賞を受賞した、植村花菜による「トイレの神様」の歌詞を見てください。

　この歌のさびは、おばあちゃんが亡くなる最後です。それまでは、おばあちゃんと五目並べしたこと、鴨南蛮を食べたこと、新喜劇を録画し損なってけんかしたことが綴られます。

　もしかすると、前半部分はカットして、さびだけ聴けばいいと思うかもしれません。何しろこの歌は、9分52秒もあるのですから。

　しかし、前半はカットできません。なぜなら、この具体的なエピソードが、おばあちゃんから孫へ、孫からおばあちゃんへの愛情を伝えているからです。このエピソードが、最後の「おばあちゃん、ありがとう」に説得力を持たせているのです。さびの「おばあちゃん、ありがとう」だけ歌っても、感情は伝わらないのです。

　感情を伝えたければ、具体的な情報を描写するのです。文芸的な文章でも定番のテクニックです。

第2部 パラグラフで書く

4.4 書き方のコツ

補足情報は、次の3つのいずれかで書きます。
- どういう意味か（What）
- なぜそう言えるか（Why）
- どれだけ重要か（How）

●どういう意味か（What）

まず、要約文の意味が分かりにくいときは、その意味の説明をしなければなりません。たとえば、「今後は、システムインテグレーションというビジネスが伸びるだろう」と書いて、読み手がシステムインテグレーションの意味を理解できない恐れがあるなら、まず、システムインテグレーションの意味を説明しなければなりません。

> **よい例：**
>
> 　今後は、システムインテグレーションというビジネスが伸びるだろう。システムインテグレーションとは、顧客の業務内容に合わせて、情報システムの企画、構築、運用などを一括して管理するビジネスだ。各ポイントで、最も安価で、機能に優れた商品を組み合わせてシステムを構築する。

●なぜそう言えるか（Why）

次に、「なぜそう言えるのか」「本当にそうだろうか」という疑問に答えるように説明します。たとえば、「モデル○○は、バッテリーで6時間も駆動できます」と書いたら、

「なぜ、他の機能よりも、バッテリー駆動時間を優先するのか」という疑問に答えるように、バッテリー駆動時間が長いことの優位性を具体的に説明します。

> **よい例：**
>
> 　モデル○○は、バッテリーで6時間も駆動できます。6時間バッテリーで駆動できれば、大阪への日帰り出張でも、バッテリー切れを心配する必要はありません。電源コードや予備のバッテリーを持ち歩く必要はありません。また、客先での打ち合わせが、コンセントのない簡易ブースであっても、問題なくパソコンが使えます。

●どれだけ重要か (How)

　さらに、「**それは本当に重要か**」という疑問にも答えるように説明します。たとえば、「休日出勤を0にすれば、経費の大幅な節約になります」と書いたら、「休日出勤を0にすることで、そんなに経費が節約できるか」という疑問に答えるように説明します。具体的なデータが重要です。

> **よい例：**
>
> 　休日出勤を0にすれば、経費の大幅な節約になります。昨年度の休日出勤代は、社員全体で○○円ですから、これが全額節約できます。それだけではなく、光熱費が××円、休日出勤に伴う代休請求処理など事務処理費が△△円相当節約できます。以上、概算合計で□□円が節約できます。

4.5 注意すべきこと

パラグラフを補足情報で補強するにあたっては、次のことに注意しましょう。

- 具体的に書く
- 1～2文でパラグラフを切らない
- 補足情報が不要なトピックはロジックから外す

●**具体的に書く**

補足情報は、具体的で詳しいほど、説得力や論理性を生みます。したがって、望ましい補足情報は、具体例や数値データです。たとえば、「大きい方が見やすいです」ではなく、「○○cm以上あれば、□□まで認識できます」と説明します。「大きい方が見やすいです」のようなごく当たり前のことを、抽象的に書いても補足情報にはなりません。

たとえば、「モデル○○は、バッテリーで6時間も駆動できます」と要約文で書いたら、バッテリー駆動で6時間どう使うかを具体的に詳しく書きます。3時間や4時間の例ではダメです。コンセントにつなげれば済むような説明もダメです。さらには、6時間使う頻度も具体的に述べるべきでしょう。具体的に書くから、「なるほど、そういう使い方をそれだけするなら、バッテリーで6時間駆動できることは重要だ」という説得力になります。「バッテリー駆動時間は長いほど便利です」などと当たり前のことを述べても意味はありません。

●1〜2文でパラグラフを切らない

　補足情報は、具体的に詳しく書くのですから、**1文や2文でパラグラフを切ってはいけません**。パラグラフの長さの目安は、文の数にすれば4〜8文です（84ページ参照）。ということは、3〜7文の補足情報を目安とします。補足情報が不十分だと、要約文に納得できない読み手を説得させられません。

　ただし、**総論や結論では補足情報が不要なので、1文や2文で構成することもあります**。総論や結論は、概略を述べるパートです。概略を述べるのに補足情報は不要です。補足情報が必要なのは各論のパラグラフです。

●補足情報が不要なトピックはロジックから外す

　各論のパラグラフなのに、補足情報が不要と感じる場合は、そもそもそのパラグラフが不要です。そのままカットしても大丈夫なはずです。補足情報が不要と感じるということは、誰も、「どういう意味か」「なぜそう言えるのか」「どれだけ重要か」と疑問に思わない当たり前のトピックです。当たり前のことなら述べる必要はありません。

　たとえば、「当社は、環境活動に力を入れている」というパラグラフの前に、「環境に配慮した活動が求められている」というパラグラフは不要です。なぜなら、「環境に配慮した企業活動が求められている」ことは、今の時代なら皆知っているからです。それにもかかわらず、そのことを詳しく説明するのは冗長なだけです。

4.6 悪い文章と書き直し例

●補足情報が書かれていない例

下記の文章では、第4パラグラフに補足情報が書かれていません。その結果、第4パラグラフのトピックである「人材流動化に対して、雇用保険や年金制度が十分対応しきれていない」がよく分かりませんし、説得力もありません。

> 企業は、成果主義を導入して、労働者の生産性を高めようとしている。企業が国際競争を勝ち抜くためには、一層の生産性向上が必須だからだ。多くの企業が、すでに管理職に対して成果主義を導入済みだ。ソニーは、2004年から一般社員約1万2000人を対象に、全面的に成果主義賃金に移行した。日産自動車やヤマハも含め、多くの企業が追随している。
>
> 一方で、同じ企業に定年まで勤めるメリットも薄れつつある。たとえば、退職金制度である。これまでの退職金制度は、長く勤めればそれだけ優位になるシステムであった。しかし、松下電器産業（現パナソニック）が退職金前払い制度を導入した。同様のシステムを検討している企業は多くある。
>
> この2つの傾向の結果として、人材の流動化が進む。また、自己の能力をより高めるために、将来性のある技能を身につけられる職場を求める者も増えるだろう。もはや長く勤めてもメリットがないのだから、よ

り高い評価と処遇を受けようと職を替えることにもなる。

この人材流動化に対して、雇用保険や年金制度が十分対応しきれていないのは残念なことである。

●**書き直し例**
第4パラグラフを、以下のように補足情報を付けた形に書き直せばいいでしょう。補足情報である具体例やデータによって、第4パラグラフのトピックである「人材流動化に対して、雇用保険や年金制度が十分対応しきれていない」に納得感が生まれます。

この人材流動化に対して、雇用保険や年金制度が十分対応しきれていないのは残念なことである。雇用保険による失業手当受給は、受給要件が厳しいため、不受給が77％と先進国の中でも最悪だ。給付期間も最大期間で330日と、ドイツの18ヵ月やフランスの42ヵ月に比べてかなり短い。また、従来型の企業年金は、入社後10年以内に転職をする際、年金の支払い期間を次の会社に引き継げない。そのため短期で転職をする人は、年金を受け取る権利を放棄するしかない。

4.7 理解の確認

　下記の文章は、読み物なのでパラグラフでは構成されていません。この文章を論理的な文章として、パラグラフを使った文章に書き直しましょう。このとき、補足情報が足りないパラグラフがあるなら、適切な補足情報を付加した上で完成させましょう。

　アメリカでは、薄型テレビといえばサムスンやLG電子である。日本のパナソニックやシャープは、ほとんど相手にされていない。ビデオやHDD内蔵DVDレコーダーでも同様だ。

　これらの分野は、つい10年も前なら、日本のメーカーが圧倒的に有利だった。しかし、低価格戦略をとる中国や韓国などに圧倒されるようになった。

　電気製品ばかりではない、造船、鉄鋼、半導体など、多くの日本メーカーが苦戦を強いられている。

　そこで、日本のメーカーは、価格競争を避けて、付加価値の高い製品によって生き残ろうとしている。

　しかし、この付加価値戦略がうまくいかないことはアメリカが証明している。低価格に走り始めたビジネスは、付加価値では回復しない。

過去、アメリカも日本や台湾の低価格戦略に苦戦した。自動車、鉄鋼、パソコンなど、多くの産業が今でも苦戦を強いられ続けている。付加価値を付けた製品を出しても、ユーザーは低価格を選ぶのだ。

　しかし、アメリカ製造業、サービス業でも、低価格戦略をとらなくても景気のいい企業は多くある。

　たとえば、アップルだ。iPhoneやiPadが売れている。これらは、携帯電話や音楽プレーヤに付加価値が付いた商品ではない。多くのアプリが楽しめる別分野の製品と言えるだろう。

　インターネットでも、多くの新しいビジネスが成功を収めている。Amazonのようなショッピング、Googleのような検索サイト、YouTubeのような動画共有サービスがそれだ。

　結局、新しいマーケットを開く製品やサービスが必要だ。現状の製品やサービスに付加価値を付けるだけでは、低価格戦略に太刀打ちできない。

第2部 パラグラフで書く

●パラグラフを使った文章

　電気製品をはじめ多くの日本メーカーが、低価格戦略をとる中国や韓国などに苦戦を強いられている。たとえば、アメリカでは、薄型テレビといえばサムスンやLG電子である。日本のパナソニックやシャープは、ほとんど相手にされていない。ビデオやHDD内蔵DVDレコーダーでも同様だ。これらの分野は、つい10年も前なら、日本のメーカーが圧倒的に有利だった。しかし、低価格戦略をとる中国や韓国などに圧倒されるようになった。

　そこで日本のメーカーは、価格競争を避けて、付加価値の高い製品を提供する戦略で生き残ろうとしている。たとえば、薄型テレビは、3Dやハイビジョン以上の高画質へと進化しつつある。携帯電話には、高機能なカメラやワンセグテレビ、防水機能が当たり前だ。パソコンにも、いろいろな機能が搭載されている。

　しかし、この付加価値戦略では、低価格戦略に太刀打ちできないことはアメリカが証明している。低価格に走り始めたビジネスは、付加価値では回復しない。過去、アメリカも日本や台湾の低価格戦略に苦戦した。自動車、鉄鋼、パソコンなど、多くの産業が今でも苦戦を強いられ続けている。付加価値を付けた製品を出しても、ユーザーは低価格を選ぶのだ。

> **低価格戦略に対抗するには、新しいマーケットを開く製品やサービスが必要だ。**たとえば、アップルのiPhoneやiPadが売れている。これらは、携帯電話や音楽プレーヤに付加価値が付いた商品ではない。多くのアプリが楽しめる別分野の製品と言えるだろう。インターネットでも、Amazonのようなショッピング、Googleのような検索サイト、YouTubeのような動画共有サービスが新しいマーケットを開いている。

●解説

次のことに気をつけながら、パラグラフをまとめていきましょう。

- 1つのパラグラフに1つのトピックを割り当てる
- パラグラフは1つの要約文と複数の補足情報の文で構成する
- 要約文だけでも意味が通るようにつなぐ

オリジナルの文章を、パラグラフを使った文章に書き直すためには、まず、第1パラグラフの要約文に相当する文を探します。オリジナル文章の1文目は、薄型テレビの話をしています。しかし、これは何か大事なポイントを伝えるための具体例のようです。その大事なポイントが、第1パラグラフの要約文になります。そのポイントを後続の文章から探します。

第1パラグラフの要約文は、「電気製品ばかりではない、造船、鉄鋼、半導体など、多くの日本メーカーが苦戦

を強いられている」に表現されているようです。したがって、この文を若干修正して、要約文にし、それまでに書かれていた情報を補足情報とし、パラグラフを構成します。この後に書かれている、「日本のメーカーは、価格競争を避けて、付加価値の高い製品によって生き残ろうとしている」は明らかに別トピックですから、この文の前で第1パラグラフが切れることも分かります。

第2パラグラフの要約文は、「日本のメーカーは、価格競争を避けて、付加価値の高い製品によって生き残ろうとしている」でよさそうです。この文は、第1パラグラフの要約文「電気製品をはじめ多くの日本メーカーが、低価格戦略をとる中国や韓国などに苦戦を強いられている」とつながります。ロジックを構成するトピックとしても問題ありません。

第2パラグラフには、要約文の後に補足情報が必要です。要約文が、「日本のメーカーは、価格競争を避けて、付加価値の高い製品によって生き残ろうとしている」ですから、日本のメーカーが付加価値の高い製品を作っている具体例などです。そこで、薄型テレビの3D化や高画質化、携帯電話における高機能なカメラやワンセグテレビ、防水機能などを、補足情報として加えました。

第3パラグラフの要約文は、「しかし、この付加価値戦略がうまくいかないことはアメリカが証明している」でさそうです。この文は、これまでとは異なるトピックで

す。また、この文は、第2パラグラフの要約文「日本のメーカーは、価格競争を避けて、付加価値の高い製品によって生き残ろうとしている」ともつながります。ロジックを構成するトピックとしても問題ありません。

この文の後には、第3パラグラフの補足情報が書かれています。つまり、「この戦略がうまくいかない」理由や、アメリカにおける具体例です。補足情報は、「付加価値を付けた製品を出しても、ユーザーは低価格を選ぶのだ」まで続きます。次の文「しかし、アメリカ製造業、サービス業でも、低価格戦略をとらなくても景気のいい企業は多くある」は、別トピックですので、この文の前で第3パラグラフが切れていることが分かります。

しかし、「しかし、アメリカ製造業、サービス業でも、低価格戦略をとらなくても景気のいい企業は多くある」は、第4パラグラフの要約文としては不十分です。なぜなら、第3パラグラフの要約文「しかし、この戦略がうまくいかないことはアメリカが証明している」と論理的につながらないからです。論理の流れで考えると、第4パラグラフには、「そこで、○○すべきだ」と来るべきです。

そこで、「結局、新しいマーケットを開く製品やサービスが必要だ」が、第4パラグラフの要約文になりそうです。アップルやインターネットでの新しいビジネスの例は、この要約文の補足情報として適切です。そこで残りの文をまとめて、第4パラグラフとします。

5 パラグラフを接続する

この章のPOINT

パラグラフを、縦と横にしっかりつないでロジックを組みます。明確な縦と横の関係が、文章の論理性を高めます。パラグラフは、要約文を使って、縦なら引継型、横なら展開型のパターンで接続します。

5.1 書き方のポイント

ロジックは、複数のパラグラフを縦につなげたり、横に並べたりしながら構成します（右図参照）。パラグラフは、必ず縦か横に接続されます。どちらでもない関係は存在しません。この縦つながりと横並びの関係を明確に伝えます。曖昧に表現してはいけません。また、読み手に接続関係を内容から読み取らせてもいけません。読み手に読み取りを任せると、人によっては書き手とは別の意味に取りかねません。接続関係は言葉ではっきり伝えるのです。

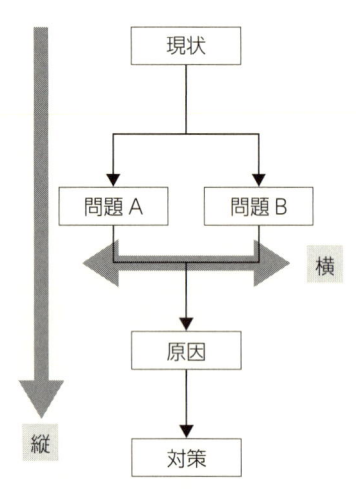

5.2 具体例

以下の文章（総論は省略）は、パラグラフの縦つながりと横並びが、はっきり読み取れます。

---

1. 社内ベンチャー制の目的

社内ベンチャー制の目的は、企業内起業家を育成することで組織を活性化することです。大規模な企業では……

2. 起業率の現状

しかし、日本は、企業内起業を除くと起業率が際だって低いのが現状です。米国の起業率は……

3. 起業率が低い原因

起業率が低いのは、投資会社が少ないことと、若者が安定した企業を好むことが原因です。

3.1 少ない投資会社

投資会社は、ベンチャー企業に投資することをためらいがちです。日本における……

3.2 安定志向

若者は、安定した大企業に勤めることを志向しがちです。学生の……

(以下省略)

5.3 有効性

パラグラフの接続関係を明確に伝えると、主に次の2つの効果が期待できます。

- (読み手は) ロジックをより正確に理解できる
- (書き手は) 説得力や論理性を持たせられる

●ロジックをより正確に理解できる

パラグラフの接続関係を明確に伝えると、ロジックがしっかり伝わります。単にパラグラフを並べただけでは、ロジックは伝わりません（下図参照）。パラグラフを並べただけでも、ロジックを推測できる人はいるでしょう。しかし、推測できない人や誤解してしまう人もいます。読み手がロジックを正確に理解できるように、書き手がパラグラフを論理的に接続し、その接続関係を明示するのです。

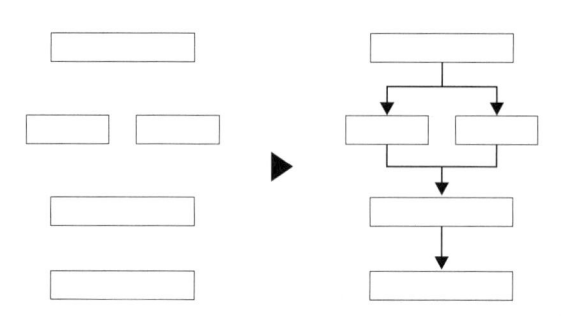

●説得力や論理性を持たせられる

パラグラフの接続関係を明確に伝えると、ロジックに論理性や説得力が生まれます。単にパラグラフを並べただけでは、論理性や説得力は生じません。

たとえば、あるロボットの機能を説明するとき、5つのパラグラフを以下のように並べたのでは論理性は出ません。

悪い例：
- 人間と同様の自然な動作
- 最新のテクノロジー
- 音声認識や画像認識
- 人工知能
- コミュニケーション能力

注）
左記は、5つのパラグラフの各トピックだけを示している

しかし、これを以下のように縦つながりと横並びで接続すれば論理性が高まります（下記は、全部で3つの階層、9つのパラグラフのイメージを示している）。

よい例：
- **認識機能（情報を認識する）**
  - □ 視覚：画像認識
  - □ 聴覚：音声認識
  - □ 触覚：接触認識
- **思考機能（認識した情報で思考する）**
  - □ 本能：本能に基づいて行動を起こす
  - □ 感情：本能が満たされるかで感情が変わる
  - □ 学習：感情の変化を学習することで性格を持つ
- **表現機能（思考結果を表現する）**
  - □ 動作：本能や感情を動作で表現する
  - □ 目：　本能や感情を目の動きで表現する
  - □ 声：　本能や感情を言葉で表現する

↓ 縦つながり
↕ 横並び

5.4 書き方のコツ

パラグラフを接続するには、要約文を使います。このとき、以下の2つのパターンを意識すると効果的です。
- 引継型：縦つながり
- 展開型：横並び

●要約文で接続する

要約文によって、各パラグラフを縦や横に接続します。正しく接続できれば、各パラグラフの要約文だけ読んでもロジックが分かるはずです。先に勉強した下記の関係（102ページ参照）を確認してください。要約文によって、要約文は強調のポジション（42ページ参照）にある文なので、パラグラフ間の接続関係が読み手にしっかり伝わります。

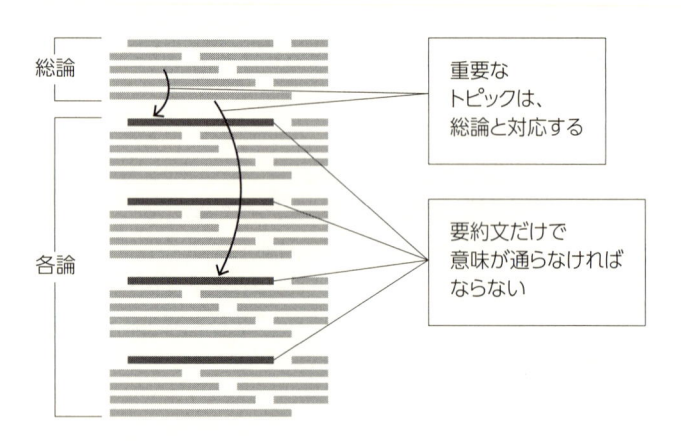

●引継型

引継型は、パラグラフが縦につながるロジックで使うパターンです。総論のパラグラフで、スタートを表すAとゴールを表すDというキーワードを結んだ後、各論のパラグラフの要約文で、A→B→C→Dと引き継いでいきます（右図参照）。

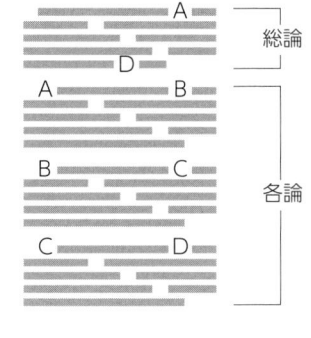

> **例：**
>
> 　ソリューション提案Aの力を高めるに、多種多様な個人のぶつかり合いが生じるような組織Dが求められている。
>
> 　当社のソリューション提案Aは、担当個人の持つノウハウBに頼っているのが現状だ。なぜなら、当社のソリューション部は、……
>
> 　しかし、個人のノウハウBに頼っていると、競争を勝ち抜くためのコアコンピタンスの構築Cは難しくなる。コアコンピタンスを持った……
>
> 　そこで、新たなコアコンピタンスを構築Cするには、多種多様な個人のぶつかり合いが生じるような組織Dが必要だ。各課にいる多種多様な個人を……

● **展開型**

　展開型は、パラグラフが横に並ぶロジックで使うパターンです。総論でA、B、Cとキーワードを羅列した後、各論のパラグラフの要約文で、A、B、Cを説明します（右図参照）。

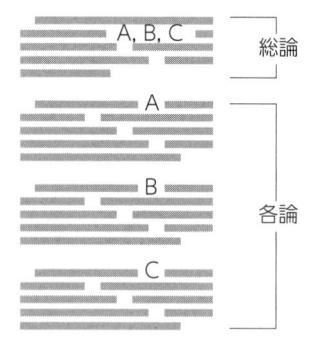

> **例：**
>
> 　ロジカルシンキングには、代表的な3つの思考法があります。この思考法をマスターしておくと、論理的に思考しやすくなります。
>
> - ゼロベース思考A
> - フレームワーク思考B
> - 仮説思考C
>
> 　ゼロベース思考Aとは、既成概念に縛られずに、白紙の状態から考える思考法です。既成概念では、……
>
> 　フレームワーク思考Bとは、思いつくままに考えるのではなく、問題点を枠組みに当てはめて考える思考法です。思いつくままに……
>
> 　仮説思考Cとは、行き当たりばったりに行動するのではなく、仮説を立て、検証し、修正を加えながら結論に向かう思考法です。行き当たりばったりに……

コラム >>> 上司は部下のレポートを全部読むべき

　ビジネス文章では、全部を読む読み手は少数派です。しかし、上司は、部下の書いたレポートを全部読まなければなりません。

　上司は、そのレポートに必要な情報が過不足なく書かれているかの責任を取る立場です。内容を読まずに責任は取れません。情報に過不足があるなら、上司はその不十分さを指摘し、過不足ないように仕上げさせなければなりません。

　また、上司は、情報の過不足がないレポートを仕上げられるように部下を育成する立場でもあります。部下に情報を取捨選択させ、上司がそれに対してフィードバックするから部下は育つのです。部下が育つにつれて、上司の負担は軽くなります。

　部下が情報を正しく取捨選択できず、その修正が大変だからといって、部下からその作業を取り上げてはいけません。それでは、部下はいつまでも育ちません。部下に仕事が任せられなくなるので、上司はいつまでも、自らが情報の取捨選択をし続けなければなりません。

　ただし、上司の上司、つまり上位上司は、レポートを全部読みません。上位上司には多くの部下がいますので、全部読んでいたら、仕事になりません。

5.5 注意すべきこと

パラグラフとパラグラフを接続するにあたっては、次のことに注意しましょう。

- 縦つながりと横並びを明確に区別する
- 縦につながっているときは、言葉で説明する

●縦と横を明確に区別する

各論のパラグラフは、縦つながりか横並びの関係しかありません。縦と横の区別なしにパラグラフを羅列してはいけません。

縦つながりとは、パラグラフのトピックが論理的な接続関係を持っている状態です（右図参照）。したがって、トピックは論理の順で並びます。論理の順は、固定なので順番を入れ替えられません。たとえば右図で、「原因」を「問題」の前には書けません。

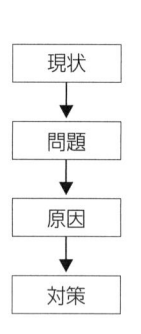

```
現状
 ↓
問題
 ↓
原因
 ↓
対策
```

横並びとは、パラグラフのトピックが同じ種類に属してはいるが、互いに論理的な接続関係を持っていない状態です（右図参照）。論理的な接続関係がないので、トピックは自由に並べ替えできます。そこで、一般的には重要な順に並べ替えます。

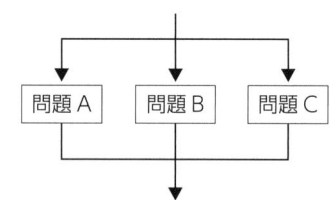

```
   ┌─────┬─────┐
   ↓     ↓     ↓
 問題A  問題B  問題C
   └─────┴─────┘
         ↓
```

各論のパラグラフ関係には、縦につながるか、横に並ぶかしかありません。どちらでもないとしたら、そのパラグラフは他のパラグラフとはつながっていないのです。つまり、そのロジックは論理性が低いことを表しています。

> **悪い例：**
>
> 　市の財政が危機的状況にある。市の収入における借入金の占める割合は……
>
> 　私たち市職員には、事務の効率化が求められている。たとえば、……

> **よい例：**
>
> 　市の財政が危機的状況にある現在、予算や職員は今後ますます削減されると考えるべきであろう。と言うのも、市の収入における借入金の占める割合は……
>
> 　そこで、私たち市職員は、予算や職員の削減があってもサービスが低下しないように、事務の効率化を推進すべきである。事務を効率化することで、……

●縦つながりは言葉で説明する

　パラグラフが縦につながるときは、そのつながっている様子を言葉で説明しましょう。説明せずに、羅列だけしてしまうと、読み手が横並びと勘違いしかねません。

　たとえば、上に示した悪い例でも悪くないと思う読み手

もいるかもしれません。「市の財政が危機的状況にある」と「事務の効率化を推進すべき」とのつながりが、「予算や職員の削減があっても」問題がないようにということは、推測できる内容です。むしろ、「予算や職員の削減があっても」という説明は冗長に感じるかもしれません。

しかし、悪い例のように、接続関係の説明を省略すると、誤解する人が出ます。 たとえば、「財政が危機的状況だからといって、なぜ、事務の効率化を推進すべきなのか？ 事務を効率化したからといって、財政が潤うわけでもあるまい」と思う人も出かねません。10人の読み手の中で1人でも誤解する可能性があるなら、その人のために説明すべきです。

ただし、パラグラフが横に並んでいるときは、羅列だけしてもかまいません。 羅列されていると、読み手はその情報を、横並びと読み取るからです（下記参照）。

> **例：**
>
> 　ホワイトイーグルは、最も燃費に優れています。ホワイトイーグルは、燃費が32km/lと……
>
> 　ホワイトイーグルは、お客様をお乗せするのに恥ずかしくない内装をしています。営業中、お客様を……
>
> 　ホワイトイーグルは、営業活動に十分な広さのトランクルームを有しています。ホワイトイーグルの……

コラム >>> 文章が分かりやすいと怒られる？

　おかしな話ですが、分かりやすい文章が書けるようになると、上司から問題点の指摘が増えてしまいます。

　分かりやすいレポートを書くと、上司はそのレポートを読むとき、読解に頭を使わなくなります。何が言いたいのかを考えなくても、内容がすっと頭に入るからです。

　読解に頭を使わない分、上司は内容の検証に頭を使います。つまり、上司は、そのレポートに必要な情報が過不足なく書かれているかのチェックに、頭をフル回転することになります。

　その結果、上司は、今までなら見過ごすような小さな問題点にも気がつくようになります。今まで以上に多くの修正を依頼してくることになります。

　なんか、納得できないかもしれません。分かりやすく書けば書くほど、上司から問題点の指摘が増えるとは。

　しかし、その問題点の指摘は、上司からのフィードバックです。フィードバックがあるから、自分の未熟さに気づき、それを修正することでスキルが上がるのです。問題点の指摘がなければ、書き手は自分の仕事に欠点があったことに気がつきません。スキルが上がることもありません。

5.6 悪い文章と書き直し例

●トピックの接続が曖昧な例

　下記の文章では、3つのパラグラフが縦につながっているのか、横に並んでいるのか曖昧です。リーダーに求められる3つの能力が、互いに接続関係を持っているように感じます。しかし、ただ羅列しているだけなので、読み手は3つの能力を横に並んでいる、つまり重要な順であると読み取るかもしれません。

　リーダーには、優れた情報収集力が必要です。多くの情報があって初めて、的確な意思決定ができるのです。情報収集のためには、社内外での人間関係の構築が重要です。同時に、情報収集のために、各種のデータベースの有効活用も求められます。

　リーダーには、施策を論理的に考える力が必要です。リーダーは、施策つまりグループが進むべき道を決めなければなりません。その施策を、入手した情報から論理的に組み上げなければなりません。施策策定を、経験や直感に頼るようでは、成功は難しくなります。

　リーダーには、部下を統率するリーダーシップが必要です。グループが一丸となって目標に進むからこそ、力が発揮できるのです。ですから、リーダーは、進むべき目標に向かって、グループをまとめ、部下を導かなければなりません。

●書き直し例

3つの能力が縦につながっているなら、そのことを言葉で説明しましょう。 縦つながりなら、要約文が引継型（137ページ）になるように意識します。縦つながりは、論理的な接続順なので、3つの能力が重要な順に並んでいるわけではないことも、読み手に伝えられます。

リーダーには、優れた情報収集力Aが必要です。多くの情報があって初めて、的確な意思決定ができるのです。情報収集のためには、社内外での人間関係の構築が重要です。同時に、情報収集のために、各種のデータベースの有効活用も求められます

リーダーには、収集した情報Aから施策を論理的に考える力Bが必要です。リーダーは、施策つまりグループが進むべき道を決めなければなりません。その施策を、入手した情報から論理的に組み上げなければなりません。施策策定を、経験や直感に頼るようでは、成功はおぼつかないでしょう。

リーダーには、論理的に考えた施策Bに基づいて、部下を統率するリーダーシップCが必要です。グループが一丸となって目標に進むからこそ、力が発揮できるのです。ですから、リーダーは、グループが進むべき目標に向かって、グループをまとめ、部下を導かなければなりません。

5.7 理解の確認

以下の文章を読んで、省略されている要約文（①〜④）を、引継型か展開型のいずれかを意識して作成しましょう。

　個人情報保護の流れを受けて、入退室管理システム向けの顔認証技術を開発しています。今回新たに開発した動画像パターンマッチング方式により、誤認識率を半減できました。

　[　①　　　　　　　　　　　　　　　　　　　　]。
顔照合は、生体認証なので、紛失や置き忘れがありません。しかも顔照合は、指紋などとは異なり、装置に接触する必要がないため、心理的負担が小さいという特長もあります。さらに、顔による認証は、顔画像を履歴として保存できるので、違法な進入に対して抑止効果も期待できます。

　[　②　　　　　　　　　　　　　　　　　　　　]。
人の顔は、指紋などと異なり、時間によって多少の変化があります。髪型が変わったり、ひげが伸びたりすることもあります。太ったり、やせたりすることもあります。これまでは、このような経時変化に十分対応できませんでした。

　[　③　　　　　　　　　　　　　　　　　　　　]。
動画像パターンマッチングとは、一定時間に動画像か

ら得られた複数の顔画像から、目や鼻、口といった主要パーツの相対位置を用いて認識する手法です。主要パーツの相対位置から判断するため、髪やひげの影響を受けません。太ったり、やせたりという変化にも対応可能です。

　　[　④　　　　　　　　　　　　　　　　　]。
本方式を使った入退室管理システムを作成し、初期登録から1年後に正しく認証できるかを試験しました。その結果、本人を他人と誤認識したのが0.22%、他人を本人と誤認識したのが0.03%でした。従来方式では、本人を他人と誤認識したのが0.45%、他人を本人と誤認識したのが0.07%でした。

第2部　パラグラフで書く

●要約文の例

> ①　入退室管理システムのセキュリティを高めるために、顔照合技術が注目されています。
>
> ②　しかし、従来の顔照合技術では、髪やひげなどの経時変化にも十分対応できないという問題がありました。
>
> ③　そこで、経時変化に対応できるよう、動画像パターンマッチング方式による顔照合技術を考案しました。
>
> ④　本方式を使った1年の経時変化試験の結果、従来方式に比べて、誤認識が半分以下に低減できました。

●解説

各パラグラフの要約文を引継型（右図）でつなぎながら作成しましょう。なぜなら、この文章は、各論のパラグラフ4つが現状－問題－手法－効果と縦につながっているからです。

そこで、次のイメージで要約文を作ればいいでしょう。

①現状：入退室管理システム　→　顔照合

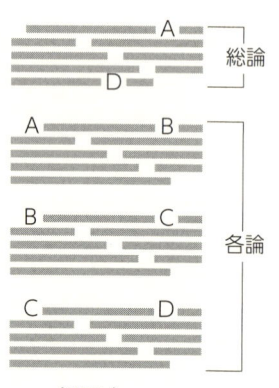

②問題:顔照合　→　経時変化
③手法:経時変化　→　動画像パターンマッチング方式
④効果:動画像パターンマッチング方式　→　誤認識

パラグラフを使って書くには、このように文章全体を見ながら書くことになります。前後の文だけをつなげばいいわけではありません。文章全体を見ながら書くので、文章の論理性が高まるのです。

コラム >>> 第3の関係

　各論のパラグラフ間の関係には、縦つながりと横並びしかありません。したがって、パラグラフを縦につなぐか、横に並べるかしてロジックを組みます。

　しかし、総論のパラグラフまで考慮すると、第3の関係として「包含」があります。つまり、総論のパラグラフは、各論のパラグラフを包含しています。総論で述べたことを各論で詳細説明するのですから、総論が上位に位置して抽象的になり、各論が下位に位置して具体的になります。

　つまり、総論と各論では、パラグラフが包含関係にあり、各論の中では、パラグラフが縦か横の関係にあるわけです。当たり前のように感じるかもしれませんが、情報がバラバラになって出てくると、縦、横、包含の関係を正確に理解するのは意外と難しいのです。

第2部 パラグラフで書く

6 パラグラフを揃えて表現する

この章のPOINT

横に並んでいる複数のパラグラフは、内容も表現も揃えます。揃えると、文章は分かりやすく論理的になります。文章のロジックを表で構成し、その表を文章に落とし込むのがコツです。

6.1 書き方のポイント

横に並んでいるパラグラフは、並んでいるパラグラフどうしで、**内容も表現も揃えます**。たとえば、総論でA、B、Cを羅列したら、各論でこの3つのトピックを説明するとき、A、B、Cの3つのパラグラフを、全く同じ構成、同じ表現で揃えてしまうのです。この書き方は、表で組んだロジックを文章に落とし込んだ状態と言えます（下図参照）。

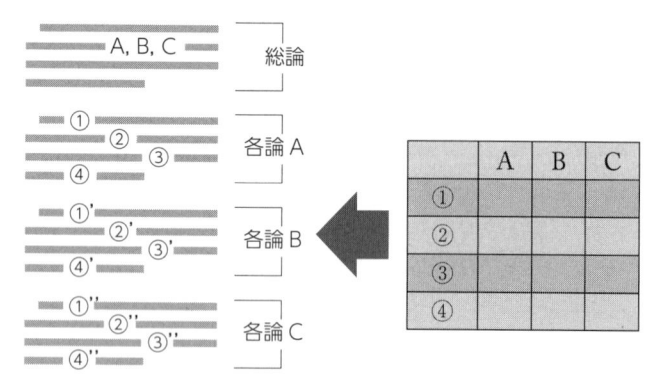

6.2 具体例

以下の文章は、横並びしている2つのパラグラフが、内容も表現もおおむね揃えて書かれています。

---

3. 起業率が低い原因
　起業率が低いのは、投資会社が少ないことと、若者が安定した企業を好むことが原因です。

3.1　少ない投資会社
　投資会社は、ベンチャー企業に投資することをためらいがちです。日本におけるベンチャー企業への投資総額は、734億円（2012年統計）と、アメリカの約40分の1に過ぎません。投資が得られなければ、ベンチャー企業は成功せず、さらに投資する会社が減るという悪循環が生じています。投資が得られずに自己資本で起業するのでは、リスクが高くて、起業マインドが育ちません。

3.2　安定志向
　若者は、安定した大企業に勤めることを志向しがちです。学生の92％が、各業界のトップクラス企業への就職を希望しています（2012年統計）。優秀な人材が採用できずに、ベンチャー企業がビジネスチャンスを逃し、さらに人材が集まらないという悪循環が生じています。限られた人材で大企業に挑まなければならないのでは、起業マインドが育ちません。

6.3 有効性

パラグラフを揃えて表現すると、主に次の3つの効果が期待できます。

- (読み手は) 容易に理解できる
- (書き手は) 情報の漏れを防止できる
- (書き手は) 楽に文章を作成できる

● **容易に理解できる**

パラグラフを揃えて表現すると、次のパラグラフを読むのが楽になります。読み手は、最初のパラグラフで明確なメンタルモデル（39ページ参照）を作ってから、次のパラグラフを読めます。つまり、最初のパラグラフが①－②－③と論理展開されたなら、並列されている残りのパラグラフも同じような論理展開であろうと、予想できるのです。最初からどんな内容が書かれているかを予想できれば、それだけ分かりやすくなります。

揃えて表現すると、くどく感じるかもしれませんが気にする必要はありません。揃っているから容易に理解できるのです。論理的な文章は、分かりやすく伝えることを優先すべきです。くどさを忌み嫌う文学とは異なります。そもそも、ビジネス文章のような論理的な文章の場合、表現がきれいに揃っていれば、揃っている部分を読み手は読み飛ばすはずです。わかりきった部分を読むほど読み手は暇ではありません。確かに、全部を読めばくどいかもしれませんが、誰も全部を読まないのです。

●情報の漏れを防止できる

　パラグラフを揃えて表現すると、情報の抜けがなくなるので論理的になります。書き手は表で組んだロジックを文章に落とし込もうとします。つまり、最初のパラグラフで①-②-③と論理展開したなら、並列されている残りのパラグラフも同じように論理展開しようとします。その結果、あるパラグラフだけ①-③のようになってしまう情報漏れを防止できます。

●楽に文章を作成できる

　パラグラフを揃えて表現すると、最初のパラグラフをまねして残りのパラグラフが書けるので、ずっと楽に文章が書けます。極端な場合は、最初のパラグラフをコピー＆ペーストして、データのような部分だけ差し替えることで、残りのパラグラフが作れます（下図参照）。各パラグラフで、個別にロジックを組み、個別に表現するのに比べれば、ずっと楽に文章が作成できます。

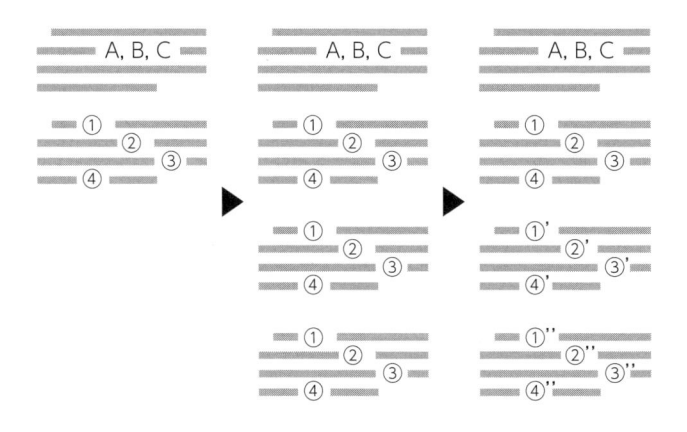

6.4 書き方のコツ

パラグラフを揃えて表現するには、まず表でロジックを組み、そのロジックを、表現を揃えてパラグラフに落とし込みます。

たとえば、マイケル・E・ポーターが提唱する3つの基本ビジネス戦略を以下のように表にまとめたとします。

	コスト・リーダーシップ戦略	差別化戦略	集中戦略
要約文	他社より安い価格	他社と異なる価値	特定の分野に集中
経営資源	大半を最低コスト化に	付加価値の提供に	1ヵ所に集中
メリット	低コストで市場を支配	忠誠心で高い利益	上位企業に対抗
デメリット	初期に多額投資＆赤字	差別化が難しい	占有シェアが小さい

この表を、パラグラフを揃えて文章に落とし込むと、右ページのような文章になります。

このとき、読み手が上記のような表を意識できるよう、キーワード、文章表現、レイアウトなどを揃えます。読み手が、揃っていることを意識できれば、メンタルモデルを作りやすくなります。読み手が表を意識できないと、パラグラフを揃えて表現する有効性は半減します。

例：

　コスト・リーダーシップ戦略とは、他社よりも安い価格で製品やサービスを提供する経営戦略です。経営資源の大半を最低コスト化のために費やすことになります。低コストによっていったん、高い市場シェアを確保できれば、大量生産によって、より一層のコスト削減を実現でき、その結果として市場を支配できます。しかし、大量生産のために多額の初期投資が必要であったり、シェアを獲得するまでは赤字が続いたりするリスクがあります。

　差別化戦略とは、他社とは異なる価値の製品やサービスを提供する経営戦略です。経営資源を、競合他社にない付加価値を提供することに費やします。この付加価値によって、顧客からブランドへの忠誠心を期待できるので、高い利益を生みやすくなります。しかし、付加価値の高い差別化を維持することが難しかったり、一部の特定分野だけを対象にせざるを得なかったりというリスクもあります。

　集中戦略とは、特定の顧客層、特定の分野、特定の地域などに製品やサービスを集中する戦略です。経営資源を１ヵ所に集中させることになります。経営資源の少ない下位の企業でも、上位企業に対抗して利益を上げられます。しかし、１ヵ所に集中するだけに、マーケット全体における占有シェアも必然的に小さくなる制約があります。

6.5 注意すべきこと

パラグラフを揃えて表現するには、次のことに注意しましょう。

- 情報に抜けがないか確認する
- 抽象度を揃える
- 並べる順番を考慮する

●情報に抜けがないか

パラグラフの元になる表に、情報の漏れがないようにしましょう（下図参照）。 表の1マスでも情報漏れがあれば、文章の論理性が大幅に下がる危険があります。たとえば、前ページで示した3つの基本ビジネス戦略の説明で、ある1つの戦略だけメリットを述べ忘れたとしましょう。その戦略にはメリットがないのですから、その戦略自体の存在意義が分かりません。論理性が大幅に下がってしまいます。

	A	B	C
①			
②			
③			
④			

情報に漏れがあってはいけない

もし、必要な情報が入手できなかったら、できれば情報が入手できなかったことを述べましょう。 たとえば、「……については、明らかではないが」のように、情報がないことを伝えます。情報がないからといって黙って抜かすと、読み手のメンタルモデルが崩れます。読み手が混乱しかねません。

6 パラグラフを揃えて表現する

●抽象度を揃える

パラグラフ間で対応する情報の抽象度を揃えましょう。 パラグラフを揃えて表現するということは、並列しているパラグラフを比較対照しています。ある1つだけ抽象度が大きくずれると論理性が下がります。たとえば、下の表では、プロジェクトA、B、Cを予算、工数、期間、場所で比較対照しています。予算の抽象度がバラバラでは、論理性が疑われます。

	プロジェクトA	プロジェクトB	プロジェクトC
予算	約1000万円	1356万円	少し多め
工数			
期間			
場所			

●並べる順番を考慮する

パラグラフ間で、説明の順番にも配慮が必要です。 下図で言えば、まず、A、B、Cを意味のある順番、たとえば重要な順に並べましょう。次に、Aを①-②-③-④と説明したなら、BもCも①-②-③-④の順で説明しなければなりません。読み手は、説明の順番が揃っているとメンタルモデルで予想しています。説明順番がA、B、Cで異なると、読み手は混乱します。最悪の場合は、対応する情報を見つけられません。

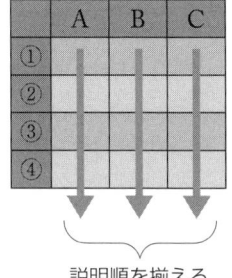

	A	B	C
①			
②			
③			
④			

説明順を揃える

6.6 悪い文章と書き直し例

●パラグラフが十分に揃っていない例

下記の文章では、2つのパラグラフが揃えて書かれていません。その結果、比較対照できなくなっています。

消費者物価指数は、1946年から総務省が毎月発表している指数です。全国の消費者が実際に購入する商品やサービスの小売価格を元に、物価の変動を表しています。現在は2010年当時の物価を100としたときに現在の物価がどのくらいになるかで算出しています。家計でよく消費するものなど500品目以上の値段を集計しています。しかし、同一の商品であっても、消費者がより安い店舗で購入するようになった傾向などは消費者物価指数には反映されません。この指標は、経済施策や年金の改定などに利用されています。

企業物価指数は、国内企業物価指数、輸出物価指数、輸入物価指数から構成されています。いずれも、現在は2010年を基準年とし、現在の物価がどのくらいになるかを指数化しています。日本銀行が、景気動向や金融政策を判断するために2002年から発表し始めました。対象は、企業間で取引されるすべての物的商品ですが、実際の採用品目は1400ほどです。対象は物的商品なので、サービスは含まれません。基本的には、物資の需給動向を反映した、企業間取引における商品価格変動を表しています。

●書き直し例

　以下のように2つのパラグラフを揃えて表記すれば、比較対照がしやすくなります。

　消費者物価指数は、1946年から総務省が毎月発表している指数です。全国の消費者が実際に購入する商品やサービスの小売価格を元に、物価の変動を表しています。現在は2010年当時の物価を100としたときに現在の物価がどのくらいになるかで算出しています。対象は、家計でよく消費するものなど500品目以上です。しかし、同一の商品であっても、消費者がより安い店舗で購入するようになった傾向などは消費者物価指数には反映されません。この指標は、経済施策や年金の改定などに利用されています。

　企業物価指数は、2002年から日本銀行が毎月発表している指数です。物資の需給動向を反映した、企業間取引における商品価格の変動を表しています。現在は、2010年当時の物価を100としたときに、現在の物価がどのくらいになるかで算出しています。対象は、企業間で取引される1400品目ほどです。しかし、対象は物的商品なので、サービスは含まれません。この指標は、景気動向や金融政策を判断するために利用されています。企業物価指数は、国内企業物価指数、輸出物価指数、輸入物価指数から構成されています。

第2部　パラグラフで書く

6.7 理解の確認

　右ページは、与えられたデータ（下図）から作成した小論文の一部です。この小論文の残りを作成しましょう。

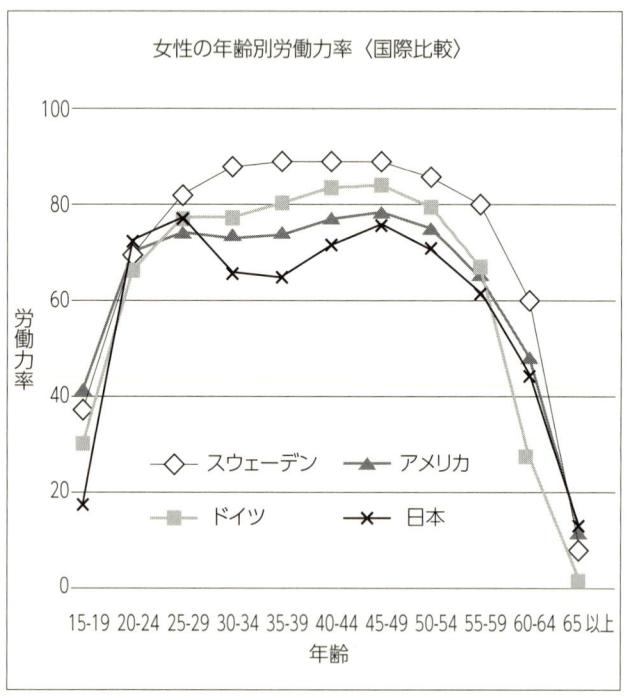

女性の年齢別労働力率〈国際比較〉

凡例：スウェーデン、アメリカ、ドイツ、日本

横軸：年齢（15-19, 20-24, 25-29, 30-34, 35-39, 40-44, 45-49, 50-54, 55-59, 60-64, 65以上）
縦軸：労働力率（0〜100）

内閣府男女共同参画局のHPの資料より作成

女性の年齢別労働力率について、日本は、アメリカやドイツ、スウェーデンに比べ、3つの特徴を有している。すなわち、30歳代で就労率が一時的に低下すること、30歳代から50歳代にかけて就労率が低いこと、そして、逆に60歳代以降では就労率が高いことである。

　第1に、日本人女性の就労率は、30歳代で一時的に低下して、全体としてMの字を成している。20歳代で70％以上あった就労率が、30歳代で60％台まで低下して、40歳代後半で元の就労率に戻る。アメリカやドイツ、スウェーデンでは、このような一時的な落ち込みは見られない。この就労率の一時的な低下は、女性が結婚や出産を機に退職し、育児を終えた頃に再就職しているためと考えられる。つまり、仕事と育児の両立の難しさをうかがわせる。両立が難しいのは、政府の育児支援体制が不十分なことに一因がある。たとえば、託児施設の充実は遅れている。認可保育園に子供を入れられないために、無認可の保育園を使っている話はよくある。また、親が無職、つまり就職前では、保育園に入れられないことも、再就職を困難にしている。

●解答例

　第2に、日本人女性の就労率は、育児の時期を除いても、アメリカやドイツ、スウェーデンに比べてやや低い。アメリカやドイツ、スウェーデンが80%前後なのに対して、日本は70%前半と、10%近く低い。この低就労率の背景には、日本人女性の専業主婦志向が考えられる。専業主婦志向は、日本の伝統的、文化的な側面もあろうが、政府の専業主婦支援政策にも一因がある。サラリーマンの専業主婦は税制上の優遇を受けているし、年金も優遇されている。中途半端に働くと、税控除や補助金を失って実収入が減る。ならば、いっそ専業主婦の方が得、と考えるのは無理もない。これらの政策が、働く意欲を阻害していると考えられる。

　第3に、日本人女性の就労率は、60歳代以降になると、逆にアメリカやドイツ、スウェーデンに比べて同等もしくは高くなる。60歳代前半では、日本は40%台とドイツより高く、60歳代後半では、10%後半とアメリカやスウェーデンよりも高い。この傾向は、高齢者に対する福祉が不十分であることの表れと考えられる。日本では、国民年金の100%支給は65歳からだ。国民年金が得られても、その平均支給額は5.8万円／月に過ぎない。これでは働かざるを得ない人がいるのも仕方ない。ヨーロッパは、高い税金と引き換えに充実した福祉を提供しているので、直接的に比較はできないが、日本の福祉政策を考えさせるデータと言える。

●解説

　この文章は、第1パラグラフの総論で、3つの傾向を指摘しています。その上で、第1の傾向を第2パラグラフで詳しく説明しています。したがって、この後は、第2、第3の傾向を、第2パラグラフに揃えて、第3、第4パラグラフで説明します。

　そこで、第2パラグラフの内容を分析して、以下のような表にまとめます。

	30歳代で就労率が低下
ポイント	30歳代で一時的に低下して、全体としてMの字
数値比較	日本では、20歳代：70％→30歳代：50％台→40歳代後半：70％、欧米にはこの傾向はない
原因	仕事と育児の両立の難しさ（政府の育児支援体制が不十分）
具体例	認可保育園が不足／無職だと保育園に入れられない

　この表と同じように、第3、第4のパラグラフの内容を表に落とし込みます。

	20〜50歳代は就労率が低い	60歳代以降では就労率が高い
ポイント	育児の時期を除いても、就労率がやや低い	60歳代以降になると、逆に同等か高くなる
数値比較	欧米は80％前後、日本は70％前半	日本は60歳代前半：40％台、60歳代後半：10％台後半、アメリカやスウェーデンよりも高い

原因	日本人女性の専業主婦志向／政府の専業主婦支援政策にも一因	高齢者に対する福祉や雇用が不十分
具体例	専業主婦は税制、年金上の優遇	国民年金の100％支給は65歳から／国民年金平均支給額は月額5.8万円

　表でロジックが組めたら、説明の表現を第2パラグラフとおおむね揃えて、第3、第4パラグラフを作ります。説明の順番や、情報の抽象度がずれないように注意します。さらに、読み手が、揃っていることを意識できるように、キーワード、文章表現、レイアウトなども揃えます。

　文章をこのように揃えて書くと、くどいと思う方もいるかもしれませんが、論理的な文章はこれでかまいません。論理的な文章は、ロジックを伝える文章なので、伝わりやすさや論理性が重要です。そもそも、論理的な文章の場合、同じ表現が繰り返されていれば、読み手はその部分を飛ばして読むはずです。読めばくどいかもしれませんが、そもそも読まないので問題ありません。

コラム >>> 表か、箇条書きか、文章か

　本書では、「横に並んでいるパラグラフは、内容も表現も揃えて書きます。この書き方は、表で組んだロジックを文章に落とし込んだ状態と言えます」と述べています。

　このことは、表を無理に文章に落とし込めという趣旨ではありません。表が分かりやすければ、もちろん表のままでかまいません。

　ただし、表になるからといって、いつでも表が分かりやすいわけでもありません。表は、マス目の中の情報が数値や〇×なら見やすいです。しかし、マス目の中が文字、特に文になるとかなり見づらくなります。

　表では見づらいなら、その内容を、箇条書き風にレイアウトすると見やすくなります。

　しかし、箇条書きは、公式性の高い文章では嫌われます。箇条書きは見やすくなる一方で、公式性が下がるのです。ですから、学会論文などでは、原則として使われません。

　そこで公式性の高い文章では、表や箇条書きではなく文章で表記します。横に並んでいるパラグラフなら、内容も表現も揃えて書きます。

7 既知から未知の流れでつなぐ

この章のPOINT

パラグラフ内の各文は、文頭に既知の情報、文末に未知の情報を置きます。この既知から未知の流れを作ると文章のつながりがよくなるので、読んでいく端から理解できる分かりやすい文章になります。既知から未知の流れには、代表的な3つのパターンがあります。

7.1 書き方のポイント

パラグラフ内の文をつなぐには、それぞれの文で既知から未知の流れを作ります（下図参照）。つまり、文頭は、既知の情報である、前に述べた情報で始めます。文末は、未知の情報である、その文で初めて登場する情報で終わります。逆に言えば、初めて登場する単語を文頭には置かないということです。

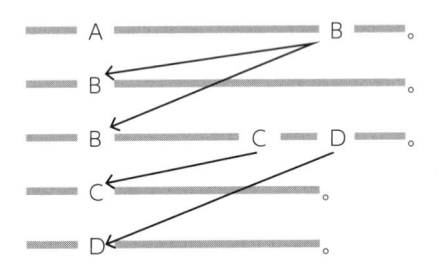

```
━━━━ A ━━━━━━━━━ B ━━。
B ━━━━━━━━━━━━━━━━━━。
B ━━━━━━━ C ━ D ━━━━。
C ━━━━━━━━━━━━━━━━━━。
D ━━━━━━━━━━━━━━━━━━。
```

注) 上図では、分かりやすくするために1文ごとに改行してありますが、実際には改行せずにつなげて書きます。

7.2 具体例

以下の文章は、すべての文が、前に述べた情報（既知の情報）で始まっています。

---

3. 起業率が低い原因
　<u>起業率が低い</u>のは、投資会社が少ないことと、若者が安定した企業を好むことが原因です。

3.1　少ない投資会社
　<u>投資会社</u>は、ベンチャー企業に投資することをためらいがちです。日本における<u>ベンチャー企業への投資</u>総額は、734億円（2012年統計）と、アメリカの約40分の1に過ぎません。<u>投資</u>が得られなければ、ベンチャー企業は成功せず、さらに投資する会社が減るという悪循環が生じています。<u>投資</u>が得られずに自己資本で起業するのでは、リスクが高くて、起業マインドが育ちません。

3.2　安定志向
　<u>若者</u>は、安定した大企業に勤めることを志向しがちです。<u>学生</u>の 92％が、各業界のトップクラス企業への就職を希望しています（2012年統計）。<u>優秀な人材</u>が採用できずに、ベンチャー企業がビジネスチャンスを逃し、さらに人材が集まらないという悪循環が生じています。<u>限られた人材</u>で大企業に挑まなければならないのでは、起業マインドが育ちません。

7.3 有効性

パラグラフ中を既知から未知につなぐと、主に次の3つの効果が期待できます。

- (読み手は) 読んでいく端から理解できる
- (書き手は) 論理の飛躍を防止できる
- (書き手は) 文章が速く書ける

●読んでいく端から理解できる

既知から未知につなぐと、メンタルモデル（39ページ参照）を作りながら読め、しかも初出の情報をその場で処理できるので分かりやすくなります。この流れを守らないと、無意識に分かりにくい文を書いてしまいかねません。

パラグラフ中を既知から未知につなぐと、メンタルモデルを作って読めるので、読んでいく端から理解できます。たとえば、前の文で情報Aを読んだとします（右ページの上の図参照）。次の文がこの情報Aで始まると、読み手は、「この文では、前に述べた情報Aについての説明を加えるはずだ」とメンタルモデルで予想できます。内容を予想しながら読めるので、読んでいく端から分かるのです。

さらに、未知の情報が登場と同時に理解できます。未知の情報Bは、文2の文末に登場します。この未知の情報Bと既知の情報Aとの関係は、情報Bが出るまでの間に書いてあるのです。既知の情報Aとの関係が分かった上で未知の情報Bが読めるので理解しやすくなります。

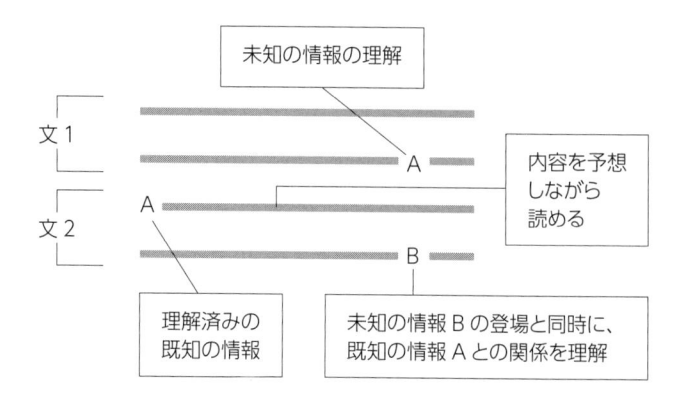

7 既知から未知の流れでつなぐ

[図: 文1の末尾にA（未知の情報の理解）、文2の冒頭にA（理解済みの既知の情報）、文2の末尾にB。「内容を予想しながら読める」「未知の情報Bの登場と同時に、既知の情報Aとの関係を理解」]

しかし、文頭に未知の情報があると、先を予想できないので、理解しにくくなります。たとえば、前の文で情報Aを読んだとします（下図参照）。しかし、次の文が突然、未知の情報Bで始まると、読み手は、既知の情報Aと未知の情報Bの関係を、文頭では理解できません。したがって、何を述べるか予想できないまま文を読み続けなければなりません。これが分かりにくさを生みます。

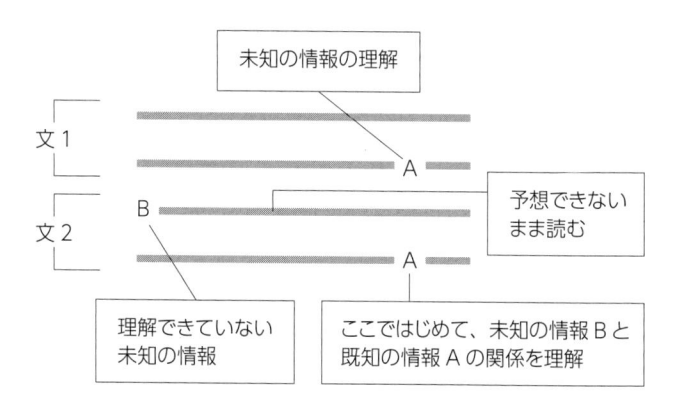

[図: 文1の末尾にA（未知の情報の理解）、文2の冒頭にB（理解できていない未知の情報）、文2の末尾にA。「予想できないまま読む」「ここではじめて、未知の情報Bと既知の情報Aの関係を理解」]

169

さらに、未知の情報がいつまでも理解できないので、文2全体も理解しにくくなります。未知の情報Bと既知の情報Aとの関係は、文2の文末に既知の情報Aが登場するまで分かりません。未知の情報Bを理解できないまま、文2を文末まで読んでいかなければならないので、理解しにくくなります。

　実は、書き手は、無意識に情報を既知から未知に流した文を書く傾向があります。その方が読んだときに分かりやすいからです。したがって、特に意識しなくても、多くの文章が自然に既知から未知に流れます。

　しかし、注意しないと気づかないうちに、未知の情報が文頭に出る、流れの悪い文章を書いてしまうことがあります。なぜなら、読み手から見れば未知の情報も、書き手から見れば書く前からすでに知っているからです。これからどんな内容を書くかも、文頭ですでに決めているからです。書き手は読み手の知らない情報を初めから持っています。この予備知識が邪魔をして、流れの悪い文章を分かりやすいと誤解することがあるのです。

　だから、無意識に書くのではなく、ルールを守って書くのです。ルールに従って、絶えず文頭に既知の情報を置くよう意識すれば、確実に流れのいい文章が書けます。予備知識に邪魔されて、流れの悪い文章を分かりやすいと誤解することがなくなります。

●論理の飛躍を防止できる

パラグラフの中を既知から未知につなぐと、ステップ・バイ・ステップの説明で、論理の飛躍を防止できます。

説明が飛ぶと、未知の情報が文頭に出てしまうので、説明を飛ばしたことに気がつきます。

正しい説明：A→B。B→C。C→D。D→E。
飛んだ説明：A→B。B→C。D→E。

未知の情報が文頭に出る

説明のステップが飛んでしまうのは、書き手から見ればそのステップが当たり前だからです。 当たり前のステップなので、飛ばしても頭が勝手に飛ばしたステップを補ってしまうのです。したがって、書き手から見れば飛んだ気がしません。

しかし、書き手には当たり前でも、読み手に当たり前という保証はありません。 一般的には、書き手の方が読み手より知識レベルは高いのです。何しろ、その文章のトピックについて調査したり、仕事をしたりしているのは、まさにその書き手だからです。読み手は、その飛んだステップを補えないかもしれないのです。

●速く書ける

パラグラフ中を既知から未知につなぐと、**文頭の単語が決まるので、文章が速く書けるようになります。** 文頭にはメンタルモデルで活性化された既知の情報しか置けませ

ん。しかも、1つのパラグラフに1つのトピックなので、書くべき内容はおおむね決まっています。となれば、文頭の単語は、ほぼ1つか2つに絞られるのです。文頭の単語が決まり、書くべき内容が決まっていれば、文はすっと書けます。

たとえば、ある文章が、以下の文で書き始められていたとしましょう。

> 実験中に実験材料である水銀を吸い込んでしまい、水銀中毒になる危険が指摘されている。

次の文は、以下のような単語で書き始められると予想できます。

実験：「そこで、実験器具を……」など
水銀：「水銀は、人体に……」など
中毒：「この（水銀）中毒は、……」など
危険：「この危険を避けるために、……」など
指摘：「この指摘は、……」など

後は、ここで書くべき内容によって、文頭の単語が決まります。この例では、2文目以降にどんな内容が書かれているか分からないので、文頭候補がこれ以上絞れません。しかし、書き手は、この後にどんな内容を書くかは決めているはずです。書くべき内容が決まっていれば、文頭候補も、ほぼ1つか2つに絞れます。

コラム >>> 能動態か受動態かは意識しない

　パラグラフの中を既知から未知につなぐことを考えれば、文を能動態にするか受動態にするかは自然と決まります。既知から未知につなげば、文頭の単語、つまり主語が決まります。主語が決まれば、態は決まります。

　ライティングの本の中には、「受動態を避けて能動態で書きましょう」と書いてある場合もありますが、それは間違いです。確かに、30年ほど前までは、能動態を使うように教えられていました。しかし、最近のライティング理論では、文頭の単語によって態は自然と決まるとされています。

　考えてみれば当然です。主語は文の中心語です。態を決めてから文の主語（＝中心語）を決めるのはおかしいです。文の主語が先に決まり、それに態を合わせる方が論理的です。

　たとえば、ABC社を紹介するときは、「ABC社は、1961年に山田太郎氏によって設立されました」と受動態にします。この文を、「山田太郎氏」を主語に能動態にする意味を感じません。

　年配の指導者の方の中には、今でも「受動態を避ける」と指導する場合があるので注意が必要です。その指導者が勉強した頃は、その考え方が正しかったのです。

7.4 書き方のコツ

パラグラフの中を既知から未知につなぐには、以下の3つのパターンを意識すると効果的です。
- 引継型：縦つながり
- 展開型：横並び
- 統一型：縦横両方

●引継型

引継型は、前の文の後ろに出た情報を、既知の情報として、次の文の文頭に引き継ぐパターンです（下図参照）。情報が縦につながっている場合に使います。ビジネス文章では、プロセスや手順の説明などで使われます。

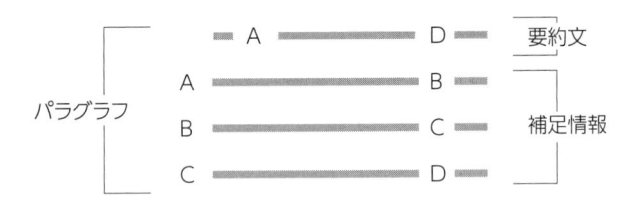

```
            ━━ A ━━━━━━━ D ━━  要約文
パラグラフ   A ━━━━━━━━━━ B ━━
            B ━━━━━━━━━━ C ━━  補足情報
            C ━━━━━━━━━━ D ━━
```

> **例：**
>
> 　文章は、概要Aから詳細Eに向けて書くとよいでしょう。まず、文章全体の概要Aを総論Bとして示します。次に、総論Bで述べた内容を、パラグラフCというブロックでロジックに落とし込みます。さらに、各パラグラフCのポイントを、要約文Dとしてパラグラフの先頭に書きます。要約文Dの後には、その内容を詳しく説明した文章を加えて詳細Eを完成させます。

●展開型

展開型は、前の文で情報を羅列し、羅列した情報を後の文で、1つずつ順番を守って展開するパターンです（下図参照）。情報が横に並んでいる場合に使います。ビジネス文章では、構成要素の紹介や特徴の紹介などで使われます。

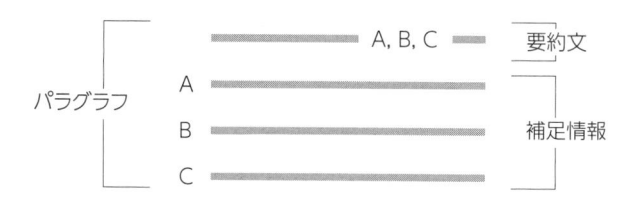

```
パラグラフ ┤  ──── A, B, C ────  要約文
            A ────────
            B ────────                    補足情報
            C ────────
```

例：

　本ロボットは、視覚A、聴覚B、触覚Cという感覚を駆使して、周囲から情報を感じ取ります。
視覚A：　CCDカラーカメラと赤外線距離センサで対象物の色・形・動きなどをとらえ、好きな色を探したり、障害物をよけたりします。
聴覚B：　ステレオマイクで、大きな音に反応したり、ユーザーからの音階による命令を聞き分けたりします。
触覚C：　頭部のタッチセンサが押された時間の長さや強さにより、人からのスキンシップを感じ取ります。

●統一型

統一型は、あるキーワードが出たら、次からはそのキーワードを文頭に置き続けていくパターンです（次ページの

図参照)。1つの情報に焦点を当てて説明する場合に使います。ビジネス文章では、商品やサービスの紹介などで使われます。商品名やサービス名を文頭に置くことで、商品名やサービス名を記憶させるように説明します。

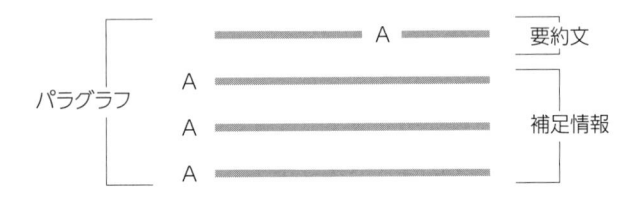

```
         ━━━━━━━━━━ A        要約文
パラグラフ  A ━━━━━━━━━━
         A ━━━━━━━━━━       補足情報
         A ━━━━━━━━━━
```

例:

　調査の結果、ABC社のモデル CP9DX^A を、当社のコピー機として導入するよう提案します。CP9DX^A は、要求機能を満足する上、ランニングコストを最も低く抑えられます。また、CP9DX^A は、使用済みの紙の裏面を使用しても故障、紙詰まりが起きません。本モデル^A は、本体リース費はやや割高なものの、長期的にはコスト削減になります。

統一型の文章は、くどくなりがちなので配慮が必要です。 統一型の文章では、同じ文頭が続くので、くどく感じる場合があります。あまりにくどいときは、「この○○」や「本○○」のような言い換え(上記の例を参照)をすることでくどさを解消します。ただし、あまりに言葉を換えてしまうと、言い換えただけで同じ内容なのか、それとも異なる内容なのかを、読み手が判断できなくなることがあるので気をつけましょう。

コラム >>> わざと未知の情報を文頭に出す

　文学などでは、未知の情報をわざと文頭に出すことがあります。未知の情報が文頭にくると、その急な展開に読み手が、「おや？」「なんだ？」と興味を持つからです。興味を引くテクニックの1つです。

　その代表例が起承転結の文章です。
起：大阪本町糸屋の娘
承：姉が十八、妹は二八*
転：諸国大名弓矢で殺す
結：糸屋の娘は目で殺す

＊2×8＝16という言葉遊び

「起」の「娘」を受けて、「承」の「姉、妹」と流れを作ります。「転」で「諸国大名」と未知の情報を文頭において、読み手に「おや？」と思わせて興味を引きます。すると、「結」の落ちがより効果を増すわけです。

　しかし、このテクニックは、ビジネス文章のような論理的な文章では使えません。ビジネス文章を起承転結で書けば、「転」の段階で読み手は「何だ、この展開は。支離滅裂」と思って、興味を失います。

　ビジネス文章は、「結」を先に書き、結果や結論の価値の高さで興味を引くのです。大事なことが書いてあると分かるから、後ろを読む気が起こるのです。

7.5 注意すべきこと

パラグラフの中を既知から未知につなぐには、次のことに注意しましょう。
- くどくても既知の情報を文頭に出す
- 書きながら既知から未知につなぐ
- 既知の情報は直前の文に登場していなくてもよい
- 既知の情報は関連語でもよい

●くどくても既知の情報を文頭に

パラグラフ中を既知から未知につなぐと、くどく感じるかもしれませんがそれでもかまいません。 くどく感じるのは、既知から未知につなげば、必ず同じ意味の単語が、前の文と後の文の両方で登場するからです。しかし、しっかり情報をバトンリレーしていくからこそ誤解がないのです。書き手から見れば、分かるだろうと思うような情報の流れが、読み手には分からないこともよくあるのです。ビジネス文章などでは、10人のうち1人でも誤解する可能性があるなら、その1人のために説明すべきです。

●書きながら使う

既知から未知の流れは、書きながら意識します。 つまり、絶えず文頭に既知の情報がくるように意識しながら文章を書きます。書いた後に、チェックするのではありません。書きながら意識するからこそ、「速く書ける」(171ページ参照)のです。書きながら意識することは、最初は難しく感じるかと思います。しかし、習慣化してしまうと、

「このことを知らずに文章が書けるか」と思えるほど、歴然と文章を書くスピードが変わります。

●直前の文に登場していなくてもよい

既知の情報は、必ずしも直前の文に登場しなくてもかまいません。 2～3文前に登場した情報でも、既知と見なせることは多いです。既知の情報とは、メンタルモデルで活性化済みの情報と言えます。大事な情報、つまりキーワードなら、いったん活性化するとしばらくは活性化し続けるので、数文前に登場した情報でも既知の情報と見なせます。先に紹介した3つのパターンの展開型（下図参照）は、要約文に登場したキーワードを古い情報として、数文後で文頭に置いています。

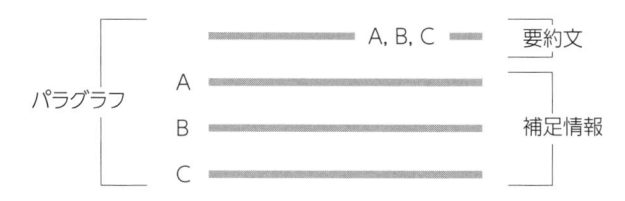

```
              ───── A, B, C ─────   要約文
              A  ─────────────
パラグラフ   B  ─────────────   補足情報
              C  ─────────────
```

●関連語でもよい

既知の情報は、前に登場したときと同じ言葉でなくてもかまいません。 前に登場した言葉の関連語であれば、既知の情報と見なせます。関連語は、メンタルモデルで活性化されるので、既知の情報として使えるのです。たとえば、「パソコン」という情報が前の文に登場したなら、次の文を「キーボード」で始めるのはかまいません。ただし、読み手が全員同じように活性化できる関連語でなければ使えません。

7.6 悪い文章と書き直し例

●パラグラフの中が既知から未知に流れていない例

下記の文章では、3文目だけが既知から未知につながっていません。

> ①ナレッジマネジメントとは、個人の持つ情報を組織全体で共有することで生産性を高めようとする経営手法です。②ここで言う情報とは、単なるデータだけではなく、ノウハウのような言語化されない知識も含みます。③Yahoo!に「知恵袋」、gooに「教えて！」というQ&Aコーナーがありますが、これらはWEB上に構築されたナレッジマネジメントの分かりやすい例です。④ナレッジマネジメントすることで、組織全体の生産性の向上、意思決定スピードの向上、業務の改善などが期待されます。⑤そのため、米国を中心に、多くの企業が取り込もうとしています。⑥ナレッジマネジメント運用例として、クレーム対応やトラブル解析、社内論文など過去の事例を蓄積し、検索できるようにしたシステムが企業で取り入れられつつあります。

●書き直し例

3文目を以下のように書き直せばいいでしょう。

> ナレッジマネジメントの分かりやすい例として、WEB上に見られる、Yahoo!の「知恵袋」、gooの「教えて！」というQ&Aコーナーが挙げられます。

コラム >>> 補足情報は日常の携帯メールでも大事

　論理的な文章では、補足情報を加えることで説得力や論理性が生まれます。日常の携帯メールでも、補足情報を上手に付けると、ぐっと文章がよくなります。

　たとえば、皆さんは、プライベートな時間に楽器の演奏を楽しんでいるとしましょう。今度仲間が集まって演奏会を開くことになりました。ホールを借り、チケットを刷って、時間をかけて準備をしました。この演奏会に友達を招待したとします。

　演奏会が終わって、その友達からこんなメールが来たら、皆さんはどう思いますか？
「演奏会に招待してくれてありがとう。楽しかったよ」

　私は、たぶんこう思うでしょう。
「彼は演奏会を楽しめなかった。義理で来たんだ。退屈な時間を過ごしたのだろう」
なぜなら、「楽しかった」に説得力がないからです。

　補足情報を付ければ、説得力が生まれます。たとえば、こんな説明を加えるのです。
「演奏会の2曲目。あの曲は自分でも演奏するが、自分は、……な感じで演奏していた。ところが、今日は、……感じだったのがよかった。さらに……で、フルートが絡んできたのがとっても新鮮だった」

7.7　理解の確認

　以下の文章は、情報の流れが悪い部分が複数箇所あります。既知から未知の流れを意識して、より流れのよい文章に修正しましょう。

---

　①急速に変化しつつある社会に対応するには、コンピテンシーを持った人材が必要である。②高い業績を上げ続ける人に特徴的に見られる物事の考え方や姿勢、行動特性がコンピテンシーである。③コンピテンシーを持った人材は、自分自身で問題を発見し、課題や目標にチャレンジする。④さらに、彼らは、周囲の人を巻き込みながら問題解決にあたる。

　⑤また、コンピテンシー重視の採用は、優秀な人材にとって、志望の動機付けになる。⑥採用時に求められるコンピテンシーを示すことは、具体的な仕事の内容や必要な能力を示すことになる。⑦入社してからのミスマッチがよくいわれるが、仕事の内容や必要な能力があらかじめ分かっていれば、その心配がない。⑧不安がなければそれだけ優秀な人材が集まりやすい。⑨N出版社『就活白書2012』のアンケート結果によると、就職活動中に最も知りたい情報が「具体的な仕事内容」であることも、このことを裏付けている。

注）丸付きの番号は、解説の都合上、付加したのであって、本文の内容とは無関係です。

●既知から未知に流した文章

①急速に変化しつつある社会に対応するには、コンピテンシーを持った人材が必要である。②コンピテンシーとは、「高い業績を上げ続ける人に特徴的に見られる物事の考え方や姿勢、行動特性」を指す。③コンピテンシーを持った人材は、自分自身で問題を発見し、課題や目標にチャレンジする。④さらに、彼らは、周囲の人を巻き込みながら問題解決にあたる。

⑤また、コンピテンシー重視の採用は、優秀な人材にとって、志望の動機付けになる。⑥採用時に求められるコンピテンシーを示すことは、具体的な仕事の内容や必要な能力を示すことになる。⑦**仕事の内容や必要な能力**があらかじめ分かっていれば、入社してからのミスマッチの心配がない。⑧不安がなければそれだけ優秀な人材が集まりやすい。⑨**このことは、**就職活動中に最も知りたい情報は、「具体的な仕事内容」であるというアンケート結果（N出版社『就活白書2012』）でも裏付けられている。

●解説

2文目の文頭は、「高い業績を上げ続ける人……」ではなく、「コンピテンシー」にすべきです。「高い業績を上げ続ける人……」は、1文目に登場しない情報です。むしろ、1文目に明示されている「コンピテンシーとは」で文頭を始めた方が、流れがよくなります。

7文目の文頭は、「入社してからのミスマッチ」ではなく、「**仕事の内容や必要な能力**」にすべきです。「入社してからのミスマッチ」は、それまでに述べられていない情報です。「仕事の内容や必要な能力があらかじめ分かっていれば」で文頭を始めれば、きれいな既知から未知の流れができます。

9文目の文頭は、「N出版社『就活白書2012』」ではなく、「**このこと**」にすべきです。「このこと」とは、前の文全体を指している既知の情報です。「N出版社『就活白書2012』」は初出の情報ですから文末に回します。参考文献を示すときは、文末に括弧でくくって参照すると、既知から未知の流れが作れます。

なお、**8文目の文頭「不安がなければ」は、同義語や関連語という意味で既知の情報**です。「不安がなければ」は、7文目の最後に出てきた「心配がない」を指しています。不安と心配は同義語ですから、既知の情報になります。このように、全く同じ言葉でなくても、同義語やきわめて結びつきの強い関連語は、既知の情報と見なせます。

第3部

ビジネス実践例

ここでは、整理できていない情報から、実践的なビジネス文章を作成してみます。整理できていない情報から文章を起こせて初めて、実践力があると言えます。

ライティングの実践力をつけるには、これまで本書が示してきたような、問題点を指摘したり、書き直しをしたりする演習だけでは不十分です。 なぜなら、ビジネスの現場では、誰かの文章を書き直すわけではないからです。ビジネスの現場では、整理できていないデータから文章を起こします。たとえば、メモ書きや実験データ、頭の中のアイデアです。このような生データから、何も書いていない画面に向かって、文章を打ち込んでいくはずです。

そこでこの第3部では、ライティングの実践力をつけるために、整理できていないデータから文章を起こす例を示しています。 データは、メモ書きのような情報です。したがって、その文章が、正しい日本語で書かれているわけでも、正しく分類されているわけでも、正しい順番で書かれているわけでもありません。

第3部　ビジネス実践例

1 通知文

1.1 状況設定と元になる情報

　平成製薬では、リニューアルしたドリンク剤のキャンペーンを企画しています。そこで、関係各位にキャンペーンの詳細を通知するとともに、協力を要請する（社内公式）文書を作成しようとしています。

- このたび、滋養強壮のドリンク剤であるオロビタンBがリニューアル発売されることになった。オロビタンBは、製薬会社の主力製品の1つで、業界1位のシェアを誇っているが、ライバル会社に追い上げられつつあるので、巻き返しを図ろうとしている。

- 平成製薬では、このオロビタンBの大規模なキャンペーンを展開しようとしている。その趣旨や概略については、すでに「オロビタンB販売活動の展開」（文書番号：HPCD‐1234）で通知済みである。今回、その詳細が決まったので、各課にその内容を通知するとともに、活動への協力を呼びかける。

- 「新・オロビタンB」のCM曲はヒットチャートの上位にランキングされている。データ企画社の調査によれば、この曲を聴いたとき、当社の「新・オロビタンB」をイメージする人の割合は、78％と高い値を示している。そこで、キャンペーンの一環として、営業部の電話の保

留音に「新・オロビタンB」のCM曲を使用する。

- 保留音の手配とセッティングは、営業部企画課が担当し、保留音の切り替えは、4/1（火）の午前0時とする。

- 社外からの電話には、「ありがとうございます。『新・オロビタンB』の平成製薬です」と対応することとする。

- 電話を使った販売活動は、キャンペーン期間である4/1（火）からの3ヵ月とする予定。

- 営業活動中は、社外であっても原則として「新・オロビタンB」のジャンパーまたはTシャツを着用する。必要性のない限り、スーツの上着は着用しないこと。お客様にアピールするとともに、ジャンパーまたはTシャツを着用して、市街を歩くことで、宣伝に活用したい。図1にジャンパーの写真を、図2にTシャツの写真を示す（図はここでは省略）。

- Tシャツまたはジャンパーは、必要なサイズ（SML）を必要数配付するので、2/28（金）までに営業部企画課の鈴木（suzuki@hf.com）までメールで連絡してほしい。

- 名刺を「新・オロビタンB」の画像を入れたデザインに変更する。名刺交換時には、「『新・オロビタンB』の平成製薬、営業部〇〇課の□□と申します」のように、商品名をPRすること。

- 名刺は、とりあえず各自に100枚を配付するので、使いきった場合は、100枚単位を通常の手続きで請求すること。名刺の使用は、キャンペーン期間中の3ヵ月とする。図3に名刺画像を示す。キャンペーン終了後は、従来の名刺に戻すので、今使用している名刺は廃棄せず、キャンペーン終了後に使うこと（図はここでは省略）。

- 営業活動中に、話題として取り上げやすいよう、積極的にサンプルを配布する。サンプルの配布は、別途、キャンペーンガールを使って、街頭でも実施するが、営業での接客中でも配布する。配布する対象やタイミングは、各自の判断にゆだねるが、名刺交換では原則として、名刺とともにサンプルも配布すること。

- サンプルの配布は、キャンペーン期間中の3ヵ月とする。サンプルは、とりあえず各課に600本を配付するので、使いきった場合は、営業部企画課の田中（tanaka@hf.com）までメールで請求すること。

1.2 文書例

序

「新・オロビタンB」のリニューアルに伴い、大規模なキャンペーンを、4/1（火）からの3ヵ月間にわたり展開します（「オロビタンB販売活動の展開」HPCD－1234参照）。ついては、詳細が決まりましたので、ご連絡するとともに、活動へのご協力をお願いします。

要約

　キャンペーンは、次の4活動を中心に展開します。
- 「新・オロビタンB」ジャンパー／Tシャツの着用
- サンプルを営業活動中に配布
- 電話応答と保留音を「新・オロビタンB」用に変更
- 名刺を「新・オロビタンB」の画像入りに変更

なお、ジャンパー／Tシャツについては、2/28（金）までに、必要数を営業部企画課の鈴木にメールで連絡してください。

ジャンパー／Tシャツの着用

　ドリンク剤営業部員は、「新・オロビタンB」のジャンパー（図1）またはTシャツ（図2）を、営業活動中ずっと着用することとします。社外であっても原則着用として、必要性のない限り、スーツの上着は着用しないこととします。これにより、お客様に直接、「新・オロビタンB」をアピールします。また、ジャンパーまたはTシャツを着用して、市街を歩くことでもアピールします。

ジャンパーとTシャツは、下記の要領でメールにて請求してください。

請求先：　　営業部企画課の鈴木（suzuki@hf.com）
締め切り：　2/28（金）
連絡事項：　サイズ（SML）ごとの必要枚数

サンプルの配布
　ドリンク剤営業部員は、営業活動中、積極的にサンプルを配布することとします。配布する対象やタイミングは、各自の判断にゆだねますが、名刺交換の折には原則として、名刺とともにサンプルも配布することとします。このサンプルで、お客様に直接、「新・オロビタンB」をアピールします。また、営業での話題として活用するようお願いします。

　サンプルは、とりあえず各課に600本を配付します。 使いきった場合は、下記の要領でメールにて請求してください。
請求先：　　営業部企画課の田中（tanaka@hf.com）
連絡事項：　必要本数

電話応対の活用
　ドリンク剤営業部では、電話の挨拶と保留音でも「新・オロビタンB」をアピールすることとします。電話を受けた際の挨拶は、「ありがとうございます。『新・オロビタンB』の平成製薬です」で統一してください。また、電話の保留音に「新・オロビタンB」のCM曲を

使用します。この曲は、ヒットチャートの上位にランクされているばかりでなく、この曲を聴いた78%の人が、当社の「新・オロビタンB」をイメージする（データ企画社の資料参照）ので、宣伝として効果的です。

　保留音の手配とセッティングは、営業部企画課が担当します。各課での個別作業は必要ありません。保留音は、4/1（火）の午前0時に自動的に切り替わります。

画像入り名刺の使用
　ドリンク剤営業部員は、「新・オロビタンB」の画像を入れた名刺を使用することとします（図3参照）。ビジネスパートナーへのアピールに活用してください。キャンペーン終了後は、従来の名刺に戻すので、今使用している名刺は廃棄せず、キャンペーン終了後にそのままお使いください。

　名刺は、とりあえず各自に100枚を配付します。使いきった場合は、下記の要領でメールにて請求してください。

請求先：　　営業部企画課の鈴木（suzuki@hf.com）
請求単位：　100枚

1.3 解説

学習した7つのルールを意識したかを確認しましょう。この文章では、特に下記の3点が重要です。

- 総論を典型的なパターンでまとめられたか
- パラグラフを要約文で始めたか
- パラグラフを展開型で、重要な順に接続したか

●ルール1：総論のパラグラフで始める

文章全体の総論は、公式な文章なので、典型的なパターンでまとめましょう。販売活動を重要な順に並べ、すぐに連絡が必要な場合は、そのことも総論で述べましょう。

具体的には、下記の情報を、目的と要約の2つのパラグラフに分けて書きましょう。

目的のパラグラフ	
現状または背景	「新・オロビタンB」の大規模なキャンペーンを展開する
問題点または必要性	省略（キャンペーンを適切にかつ、速やかに行うため）
目的	詳細を連絡するとともに活動への協力をお願いする
要約のパラグラフ	
結論や総括の文	キャンペーンは、4活動を中心に展開する
重要な情報1	「新・オロビタンB」ジャンパー／Tシャツの着用
重要な情報2	サンプルを配布

重要な情報3	電話応答と保留音を「新・オロビタンB」用に変更
重要な情報4	名刺を「新・オロビタンB」の画像入りに変更
重要な情報5	ジャンパー／Tシャツの必要数を、2/28までに営業部企画課の鈴木に連絡

　重要な情報を意味のある順に並べ替えることを忘れてはいけません。この文章なら、販売活動として効果的な順に並べるべきでしょう。どの活動が最も効果的かは、ここに記載されている情報だけでは十分に判断できません。そこで、自分なりの考えで、効果的であると判断した順に並べてあればいいでしょう。

　さらに、重要な情報として、ジャンパー／Tシャツの必要数を担当まで連絡してほしい旨を明記しましょう。このように、読み手に特別な行動を起こしてほしいときは、そのことを総論で述べましょう。各論にだけ書いてあると、読み手は読み飛ばしかねません。なお、「使いきったら、請求してください」なら、緊急性を要しないので、総論で述べるまではないでしょう。

　この文章には階層構造がありますが、小さな階層なので、階層の総論は不要です。この文章は、4つの活動が、それぞれ2つのパラグラフで説明されています。したがって、厳密に言えば、4つの活動それぞれは、パラグラフの集合体である階層と言えます。しかし、パラグラフが2つ

しかない小さな階層ですから、ぱっと見れば概略がつかめてしまいます。このような階層に総論は不要です。

●ルール2：1つのトピックだけを述べる

総論で述べた重要な情報それぞれが、各論で、そのままの順番で、パラグラフで説明されていることを確認しましょう。1つのパラグラフは4～8文程度が目安です。このパラグラフという固まりでロジックが流れていることが、一目で分からなければなりません（下記参照）。

- ジャンパー／Tシャツの着用
  - □活動の趣旨と詳細
  - □配付と請求
- サンプルの配布
  - □活動の趣旨と詳細
  - □配付と請求
- 電話応対の活用
  - □活動の趣旨と詳細
  - □設定
- 画像入り名刺の使用
  - □活動の趣旨と詳細
  - □配付と請求

●ルール3：要約文で始める

パラグラフの先頭文だけで、ロジックが分かるかを確認しましょう。パラグラフの要約文が正しく書かれていれば、その要約文だけを拾い読みすることでロジックが分かるはずです（下記参照）。

> - ドリンク剤営業部員は、「新・オロビタンB」のジャンパー（図1）またはTシャツ（図2）を、営業活動中ずっと着用することとします。
> - ジャンパーとTシャツは、下記の要領でメールにて請求してください。
> - ドリンク剤営業部員は、営業活動中、積極的にサンプルを配布することとします。
> - サンプルは、とりあえず各課に600本を配付します。
> - ドリンク剤営業部では、電話の挨拶と保留音でも「新・オロビタンB」をアピールすることとします。
> - 保留音の手配とセッティングは、営業部企画課が担当します。
> - ドリンク剤営業部員は、「新・オロビタンB」の画像を入れた名刺を使用することとします（図3参照）。
> - 名刺は、とりあえず各自に100枚を配付します。

● ルール4：補足情報で補強する

　要約文の後には、そのトピックを、「どういう意味か」「なぜそう言えるか」「どれだけ重要か」という点から説明しましょう。たとえば、「ドリンク剤営業部員は、『新・オロビタンB』のジャンパーまたはTシャツを営業活動中ずっと着用することとします」と書いたら、「どういう意味か」という点から、どんなジャンパーやTシャツなのか、どういう状況で着用するのかを具体的に述べます。「ドリンク剤営業部員は、営業活動中、積極的にサンプルを配布することとします」と述べたら、「どういう意味か」という点から、配布の効果やどういう状況で配布するのかを説明し

第3部　ビジネス実践例

ます。

●ルール5：パラグラフを接続する

　各パラグラフがブロック図になるように接続しましょう。総論と各論がパラグラフでしっかり対応していることも大事です。

　文書例では、各論の各パラグラフは下図のように接続されています。 各論で説明されている4つの活動が横並びで、それぞれの活動の中で2つのパラグラフが縦につながっています。

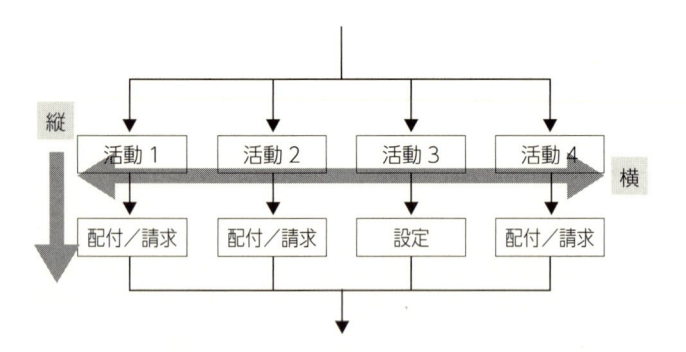

```
       ┌──────┬──────┬──────┬──────┐
縦     ↓      ↓      ↓      ↓
    ┌─────┐┌─────┐┌─────┐┌─────┐
    │活動1 ││活動2 ││活動3 ││活動4 │    横
    └──┬──┘└──┬──┘└──┬──┘└──┬──┘
    ←══════════════════════════→
 ↓  ┌─────┐┌─────┐┌─────┐┌─────┐
    │配付/請求││配付/請求││ 設定 ││配付/請求│
    └──┬──┘└──┬──┘└──┬──┘└──┬──┘
       ↓      ↓      ↓      ↓
```

　この接続関係は、できればパラグラフの要約文だけで分かるように説明します（下記参照）。

> 活動1：ドリンク剤営業部員は、[新・オロビタンB]
> 　　　　のジャンパー（図1）またはTシャツ（図2）A
> 　　　　を、営業活動中ずっと着用することとします。
> 　　　　ジャンパーとTシャツAは、下記の要領でメー

1 通知文

ルにて請求してください。

活動2：ドリンク剤営業部員は、営業活動中、<u>サンプル</u>B を積極的に配布することとします。

<u>サンプル</u>Bは、とりあえず各課に600本を配付します。

活動3：ドリンク剤営業部では、<u>電話の挨拶と保留音</u>C でも「新・オロビタンB」をアピールすることとします。

<u>保留音</u>Cの手配とセッティングは、営業部企画課が担当します。

活動4：ドリンク剤営業部員は、「新・オロビタンB」の<u>画像を入れた名刺</u>Dを使用することとします（図3参照）。

<u>名刺</u>Dは、とりあえず各自に100枚を配付します。

この文書例では、総論と各論のパラグラフの対応は、展開型になっています（右図参照）。 総論で、主に4つの販促活動を述べ、その4つを各論で、1つの活動につき2つのパラグラフを使って説明しています。

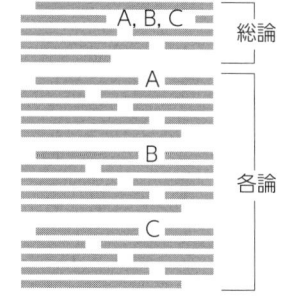

●ルール6：パラグラフを揃えて表現する

4つの活動は、できるだけ揃えて表現しましょう。 文書例では、4つの活動をいずれも、2つのパラグラフで説明

しています。前半のパラグラフでは、活動内容を詳細に説明しています。後半のパラグラフでは、活動に必要な備品の配付や請求について揃えて説明しています。

●ルール7：既知から未知でつなぐ

　各パラグラフの中で、文と文が既知から未知に流れていることを確認しましょう。たとえば、「サンプルの配布」のパラグラフを検証してみましょう。このパラグラフのすべての文が、既知の情報で始まっているのが分かります。4文目の「営業での」は、営業活動の話をしている文章ですので、既知の情報と見なせます。

- ドリンク剤営業部員は、営業活動中、積極的に<u>サンプルを配布</u>することとします。
- <u>配布</u>する対象やタイミングは、各自の判断にゆだねますが、名刺交換の折には原則として、名刺とともにサンプルも配布することとします。
- <u>このサンプル</u>で、お客様に直接、「新・オロビタンB」をアピールします。
- また、<u>営業での話題</u>として活用するようお願いします。

コラム >>> プレゼンテーションへの応用

本書は、文章という手段でのコミュニケーションの基本を解説しています。しかし、全く同じことがプレゼンテーションでも応用できます。

まず、プレゼンテーションでも、「総論のパラグラフで始める」ことを意識しましょう。プレゼンテーションの最初30秒で、大事な情報を伝えましょう。最初30秒は、必ず聴衆が全員、プレゼンターの話を聞いています。ここで、結果や結論を述べ、聴き手の興味を引きます。

次に、プレゼンテーションでも、1枚のスライドで「1つのトピックだけを述べる」ことを意識しましょう。1つのパラグラフが4〜8文ですから、そのまま1枚のスライドです。2つのトピックを1枚のスライドに押し込んではいけません。1枚のスライドでそのトピックが説明しきれなくなったら、複数のスライド（＝複数のパラグラフ）に分けて、階層構造を作ります。

さらに、プレゼンテーションでも、「要約文で始める」ことを意識しましょう。スライドをめくったら、まずポイントを述べます。それからデータで詳しく解説して、最後にポイントを繰り返します。プレゼンターは、スライドのポイントを最初から知っていますが、聴衆はそのポイントを知らずに説明を聞くのです。ポイントが最後になると、聴衆は分かりにくく感じます。

2 技術レポート

2.1 状況設定と元になる情報

　ある複写機メーカーで、開発済みの製品に不具合があることが分かりました。そこで、原因を分析して対策をとったことを報告しようとしています。

- 2012年春に発売したオフィス向けデジタル複合機（DC1201BL）で、両面印刷時に紙詰まりが多発するとの問題が多く寄せられている。すでに12件、サポートセンターに問い合わせが来ている。

- 確認してみたところ、紙詰まり発生率は、社内規定では0.02%以下であるが、実際には2.3%の発生率であった。

- 紙詰まりは主に、紙を反転させる経路で発生していた。

- ハードウェアが原因と考え、給紙ローラーや排紙ローラーを中心に確認した。各ローラーに外観異常がないか、設計サイズどおりに製造されているか、指定の素材が使われているかなどをチェックした。しかし、特に問題はなく、正常であった。

- そこで、他の動作モードには異常がないかを調べた。その結果、プリンタモードにおける両面印刷でのみ異常が生じ、同じ両面印刷でもコピーモードでは異常がないこ

とが分かった。つまり、原因はハードウェアではなく、ソフトウェアが疑われた。

- そこで、用紙の反転制御を行う信号タイミングを測定した。通常、5〜10ms程度のばらつきが信号のタイミングに生じるが、この機種は、40msと4倍以上もあった。

- ソフトウェアを分析した結果、用紙の反転制御の実行優先度が低く設定されているのが分かった。プリンタコントローラと本体制御部との通信が、用紙の反転制御より優先度を高く設定していたため、本体制御部との通信による負荷で、用紙反転のタイミングが遅れることがあった。そのため、本体制御部との通信が生じるかどうかで、用紙の反転制御を行う信号タイミングが大きく変化してしまっていた。

- 対策として、ソフトウェアを修正して、用紙の反転制御の実行優先度を高めた。その結果、紙詰まり発生率が0.02%以下になることを確認できた。

- この問題を出荷前に見逃していたのは、両面印刷のテストを、コピーモードでのみ実施し、プリンタモードでは実施していなかったからである。

- そこで、今後は、同じ動作であっても、すべてのモードで動作確認することに、社内規定を改訂した。

2.2 文書例

序

　2012年春に発売したオフィス向けデジタル複合機（DC1201BL）で、両面印刷時に紙詰まりが多発する問題が多く寄せられています。すでに、サポートセンターには12件の問い合わせが来ています。そこで、紙詰まりの原因について調査し、対策をとりました。

結論

　原因は、用紙の反転制御の実行優先度が低く設定されているためでした。そこで、ソフトウェアを修正して、用紙の反転制御の実行優先度を高めた結果、紙詰まり発生率が社内規定以下に低減しました。再発を防止するため、動作確認の社内規定を改訂しました。

不具合の確認

　本不具合は、紙を反転させる経路で、プリンタモードでのみ、発生していました。

　当部で不具合の確認実験をしたところ、両面印刷時の**紙詰まり発生率は、社内規定の100倍以上もありました**。社内規定では、紙詰まり発生率は0.02%以下ですが、実験での両面印刷時の紙詰まり発生率は2.3%でした（下表参照：表は省略）。

　両面印刷時の紙詰まりは主に、紙を反転させる経路

（下図参照：図は省略）で発生していました。反転させる経路での紙詰まり発生率は、全紙詰まりの92%でした（下表参照：表は省略）。

　両面印刷時の紙詰まりは、プリンタモードでのみ異常な比率で発生していました（下表参照：表は省略）。同じ両面印刷でもコピーモードでは異常がありませんでした。

原因特定

　プリンタモードでのみ異常が発生していたのは、ソフトウェアでの実行優先度設定ミスのためでした。ソフトウェアを分析した結果、用紙の反転制御の実行優先度が、プリンタコントローラと本体制御部との通信より低く設定されていました。その設定の結果、本体制御部との通信による負荷で、用紙反転のタイミングが遅れることがありました。そのため、本体制御部との通信が生じるかどうかで、用紙の反転制御を行う信号タイミングが40ms（通常は5〜10ms）も大きくばらついていました（下表参照：表は省略）。

　なお、ハードウェアは、正常に動作していました（詳細は添付資料参照）。調査したのは、給紙ローラーと排紙ローラーに関して以下の項目です。

- 外観に異常はないか
- サイズは仕様どおりか
- 指定の素材が使われているか

対策と確認

　そこで、ソフトウェアを修正して、用紙の反転制御の実行優先度を高めた結果、正常動作を確認できました。紙詰まり発生率が0.02％以下になりました（下表参照：表は省略）。

再発防止策

　正常動作を確認する際には、同じ動作であっても、すべてのモードで確認するよう社内規定を改訂しました。この問題を出荷前に見逃していたのは、両面印刷のテストを、コピーモードでのみ実施していたからです。そこで、同じ動作であっても、プリンタモードでもテストするように改めました。また、両面印刷に限らず、すべての動作について、すべてのモードで確認するように改めました。

2.3 解説

　学習した7つのルールを意識したかを確認しましょう。この文章では、特に下記の3点が重要です。
・総論を典型的なパターンでまとめられたか
・パラグラフを補足情報で補強したか
・原因究明の流れを伝えるために、パラグラフを引継型で接続したか

●ルール1：総論のパラグラフで始める
　文章全体の総論は、公式な文章なので、典型的なパターンでまとめましょう。重要な情報を意味のある順に並べます。階層構造には、階層の総論も必要です。

　文章全体の総論は、下記の情報を、目的と要約の2つのパラグラフに分けて書きましょう。

目的のパラグラフ	
現状または背景	両面印刷時に紙詰まりが多発する問題が寄せられている。サポートセンターには12件の問い合わせが来ている
問題点または必要性	
目的	紙詰まりの原因について調査し、対策をとった
要約のパラグラフ	
結論や総括の文	原因は、用紙の反転制御の実行優先度が低く設定されているため
重要な情報1	反転制御の実行優先度を高めた結果、紙詰まり発生率が社内規定以下に低減
重要な情報2	再発防止のため、社内規定を改訂

総論には、重要な情報だけを載せます。各論に書いたとしても、重要ではない情報は、総論に書く必要はありません。重要性の低い情報を総論に載せると、重要な情報がぼけかねません。文書例では、各論で不具合の確認やハードウェアは正常だったことの説明がありますが、重要性が低いと判断して総論には載せませんでした。

　重要な情報を意味のある順に並べ替えることを忘れてはいけません。この文章なら、「原因特定」におけるソフトウェアとハードウェアのパラグラフは、ソフトウェアのパラグラフを先に述べるべきでしょう。ハードウェアを先に確認したからといって、作業順に報告しなければならないわけではありません。ただし、ハードウェアを先に報告するのが習慣なら、習慣を優先します。

　文章に階層構造があるなら、階層の総論を置く必要もあります。文書例では、「不具合の確認」が階層ですので、総論を置いています。しかし、「原因特定」の階層には総論を置きませんでした。この階層は、2つのパラグラフしかないので、総論がなくても短時間で概略がつかめると判断したからです。

●ルール2：1つのトピックだけを述べる
　総論で述べた重要な情報それぞれが、各論で、そのままの順番で、パラグラフで説明されていることを確認しましょう。1つのパラグラフは4〜8文程度が目安です。このパラグラフという固まりでロジックが流れていることを、

一目で分からなければなりません（下記参照）。

- 不具合の確認
    紙詰まり発生率は、社内規定の100倍以上
    紙詰まりは主に、紙を反転させる経路で発生
    紙詰まりは、プリンタモードでのみ発生
- 原因特定
    ソフトウェアでの実行優先度設定にミス
    ハードウェアは正常動作
- 対策と確認
- 再発防止策

●ルール3：要約文で始める

　パラグラフの先頭文だけで、ロジックが分かるかを確認しましょう。パラグラフの要約文が正しく書かれていれば、その要約文だけを拾い読みすることでロジックが分かるはずです（下記参照）。

- 本不具合は、紙を反転させる経路で、プリンタモードでのみ、発生していました。
- 当部で不具合の確認実験をしたところ、両面印刷時の紙詰まり発生率は、社内規定の100倍以上もありました。
- 両面印刷時の紙詰まりは主に、紙を反転させる経路で発生していました。
- 両面印刷時の紙詰まりは、プリンタモードでのみ異常な比率で発生していました。
- プリンタモードでのみ異常が発生していたのは、ソ

> フトウェアでの実行優先度設定ミスのためでした。
> - なお、ハードウェアは、正常に動作していました。
> - そこで、ソフトウェアを修正して、用紙の反転制御の実行優先度を高めた結果、正常動作を確認できました。
> - 正常動作を確認する際には、同じ動作であっても、すべてのモードで確認するよう社内規定を改訂しました。

●ルール4：補足情報で補強する

　要約文の後には、そのトピックを、「どういう意味か」「なぜそう言えるか」「どれだけ重要か」という点から説明しましょう。たとえば、「両面印刷時の紙詰まりは、プリンタモードでのみ異常な比率で発生していました」と書いたら、「なぜそう言えるか」という点から、異常な比率で発生しているデータを述べます。「プリンタモードでのみ異常が発生していたのは、ソフトウェアでの実行優先度設定ミスのためでした」と述べたら、「なぜそう言えるか」という点から、原因を特定した理由やデータを説明します。

●ルール5：パラグラフを接続する

　各パラグラフがブロック図になるように接続しましょう。総論と各論がパラグラフでしっかり対応していることも大事です。

　文書例では、各論の各パラグラフは次ページの図のように接続されています。

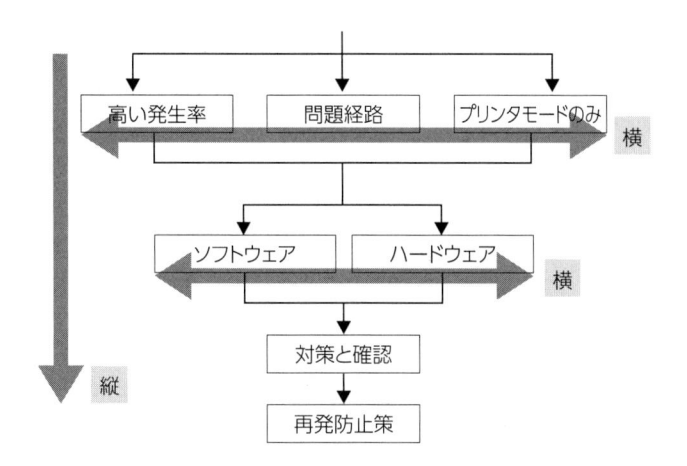

```
        ↓         ↓         ↓
   ┌────────┐ ┌────────┐ ┌──────────────┐
   │高い発生率│ │問題経路 │ │プリンタモードのみ│
   └────────┘ └────────┘ └──────────────┘
   ◄━━━━━━━━━━━━━━━━━━━━━━━━━━━━━━━━━━► 横
                  ↓
         ┌──────────┐ ┌──────────┐
         │ソフトウェア│ │ハードウェア│
         └──────────┘ └──────────┘
         ◄━━━━━━━━━━━━━━━━━━━━━━► 横
                  ↓
            ┌──────────┐
            │対策と確認 │
            └──────────┘
                  ↓
            ┌──────────┐
   ┃        │再発防止策 │
   ▼ 縦     └──────────┘
```

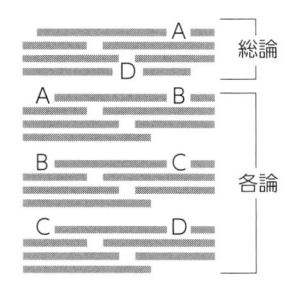

縦につながる情報は、「引継型」（右図参照）を意識してつなぎましょう。この文章全体の大きな流れ、「不具合の確認」→「原因特定」→「対策と確認」→「再発防止策」は、以下のように引継型でつながっているのが分かります。

- <u>本不具合</u>Aは、紙を反転させる経路で、<u>プリンタモード</u>Bでのみ、発生していました。
- <u>プリンタモード</u>Bでのみ異常が発生していたのは、<u>ソフトウェア</u>Cでの実行優先度設定ミスのためでした。
- そこで、<u>ソフトウェア</u>Cを修正して、用紙の反転制御の実行優先度を高めた結果、<u>正常動作を確認</u>Dできました。

- 正常動作を確認[D]する際には、同じ動作であっても、すべてのモードで確認するよう社内規定を改訂しました。

　階層の中の各パラグラフがブロック図になるように接続しましょう。 文書例の「不具合の確認」という階層では、中のパラグラフが横に並んでいるのが、要約文から判断できます。階層の総論と各論は、展開型（右図参照）で書かれているのが分かります。

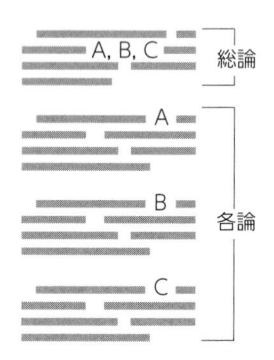

- 本不具合[A]は、紙を反転させる経路[B]で、プリンタモード[C]でのみ、発生していました。
- 当部で不具合の確認[A]実験をしたところ、両面印刷時の紙詰まり発生率は、社内規定の100倍以上もありました。
- 両面印刷時の紙詰まりは主に、紙を反転させる経路[B]で発生していました。
- 両面印刷時の紙詰まりは、プリンタモード[C]でのみ異常な比率で発生していました。

●ルール6：パラグラフを揃えて表現する

　並列しているパラグラフは、表現を揃えましょう。 文書例では、「不具合の確認」という階層の下にある3つのパラグラフは、要約文とそれを裏付けるデータという構成で揃

っています。

ただし、並列しているパラグラフでも重要性に差がある場合は、揃える必要はありません。この文書例でも、「原因特定」という階層の下にある2つのパラグラフは、揃えてありません。ソフトウェアには問題があり、ハードウェアには問題がなかったのですから、揃えて表現する必要はありません。無理に揃えて表現すれば、重要なパラグラフが重要でないパラグラフによってぼけてしまいかねません。

●ルール7：既知から未知でつなぐ

各パラグラフの中で、文と文が既知から未知に流れていることを確認しましょう。たとえば、「原因特定」のパラグラフは、引継型で構成されているのが分かります。

- プリンタモードAでのみ異常が発生していたのは、ソフトウェアでの実行優先度設定ミスBのためでした。
- ソフトウェアBを分析した結果、用紙の反転制御の実行優先度が、プリンタコントローラと本体制御部との通信より低く設定されていましたC。
- その設定の結果C、本体制御部との通信による負荷で、用紙反転のタイミングが遅れるDことがありました。
- そのためD、本体制御部との通信が生じるかどうかで、用紙の反転制御を行う信号タイミングが40ms（通常は5〜10ms）も大きくばらついていましたE。

3 社外文書

3.1 状況設定と元になる情報

　ある家電販売会社で先日、お客様から掃除機に関する問い合わせを受けました。最近の掃除機には、サイクロン式と紙パック式があるので、どちらを買うのがいいかを問い合わせてきたのです。そこで、回答する文章を作成しようとしています。

- 紙パック式は、従来からある、紙パックを使う方式。紙パックがフィルターの役目をし、ゴミと空気を分離する。ゴミを捨てるときは紙パックごと捨てて、新しい紙パックに交換する。

- サイクロン式は、吸い込んだ空気を竜巻状に回転させ、ゴミを遠心分離する。ゴミはダストカップに集め、ホコリはフィルターで吸収する。ダストカップの中のゴミだけを捨てて、ダストカップは何回でも使える。

- サイクロン式は、ダストカップを開けてゴミを捨てるので、ゴミに直接触れやすく、時にはホコリが舞い上がることもある。ゴミを直接見ることになるので、虫を掃除機で吸引して退治することも抵抗がある。

- 紙パック式は、紙パックごと捨てられるので、簡単で衛生的。ゴミ捨ても2〜3ヵ月に1回で済む。

- サイクロン式は、ダストカップの集塵容量が小さいので1～2週間ごとにゴミ捨てとダストカップの洗浄が必要。

- 紙パック式は、吸い込んだ空気を、ゴミのたまった紙パックを通して排気するので、においが気になることがある。サイクロン式は、ダストカップと空気の通る道が別々になっているため、排気がきれい。

- 紙パック式は、ゴミがたまる紙パックを空気が通るため、ゴミがたまるにしたがって、最大で50%程度まで吸引力が落ちる。サイクロン式は、ダストカップと空気の通る道が別々なので、吸引力は落ちない。

- サイクロン式は、フィルターの掃除が必要だが、紙パック式は、紙パックがフィルターを兼ねているので、掃除は不要。

- 紙パック式は、紙パックの購入コストや購入の手間がかかる。しかし、一般的には、本体価格はサイクロン式の方が、2～3割高くなる。

- 紙パック式は、密閉性が高い構造なので吸引力が強いが、サイクロン式は、紙パック式に比べて20%程度吸引力が下がる。しかし、吸引力低下がないのでトータルとしては、吸引力が高い。

3.2 文書例

　お問い合わせありがとうございました。紙パック式は、低コストで、ゴミ捨てが簡単で、メンテナンスの手間も最小限で済みます。一方、サイクロン式は吸引力に優れ、排気のにおいが気になりません。お客様のニーズにあった方式をお買い求めください。

紙パック式の基本原理
　紙パック式は、吸い込んだ空気を紙パックに通過させることで、ゴミと空気を分離します。大きなゴミから細かなホコリまで、紙パックで吸収します。ゴミを捨てるときは、紙パックごと捨てて、新しい紙パックに交換します。

サイクロン式の基本原理
　サイクロン式は、吸い込んだ空気を竜巻状に回転させ、その遠心力で、ゴミと空気を分離します。大きなゴミはダストカップに集め、遠心分離しきれなかった細かなホコリは、フィルターで吸収します。ゴミを捨てるときは、ダストカップの中のゴミだけを捨て、ダストカップは繰り返し使用します。

コスト
　紙パック式の方が、一般的にトータルでは割安です。紙パック式は、サイクロン式に比べて本体価格が2割程度お安くなります。紙パックの費用が別途、定期的にか

かりますが、年間で600円前後なので、5年間使用したとしても、紙パック式の方が割安です。

ゴミ捨て

紙パック式の方が、簡単に、かつ衛生的にゴミ捨てできます。 紙パック式は、紙パックごとゴミ箱に捨てるだけです。吸引したゴミを見ることも触ることもないので、虫を掃除機で吸引して退治するのにも適しています。サイクロン式は、ダストカップを開けてゴミを捨てるので、ゴミに直接触れやすく、時にはホコリが舞い上がることもあります。ゴミが直接目に留まることをいやがるお客様もいらっしゃいます。

メンテナンス

紙パック式の方が、メンテナンスは簡単です。 紙パック式は、ゴミ捨ては2〜3ヵ月に1回で済みます。しかし、サイクロン式は、ダストカップの集塵容量が小さいので1〜2週間でゴミを捨てなければなりません。さらにダストカップの洗浄やフィルターの掃除も定期的に必要です。

吸引力

サイクロン式の方が、吸引力は優れています。 サイクロン式は、ダストカップと空気の通る道が別々なので、吸引力は落ちません。紙パック式は、紙パックを空気が通るため、ゴミがたまるにしたがって、最大で50%まで吸引力が落ちます。吸引力そのものは、紙パック式の方

が、密閉性が高い構造なので強いですが、吸引力低下を考慮して平均すると、サイクロン式の方が優れています。

排気
　サイクロン式の方が、排気はきれいです。サイクロン式は、ダストカップと空気の通る道が別々になっているため、排気ににおいがつきません。紙パック式は、吸い込んだ空気を、ゴミのたまった紙パックを通して排気するので、においが気になることがあります。

まとめ
　以上のように、低コストをご希望で日々のメンテナンスを軽減したい場合は紙パック式をお勧めします。一方、高い吸引力をご希望になる場合や、排気が気になる場合はサイクロン式をお勧めします。

3.3 解説

学習した7つのルールを意識したかを確認しましょう。この文章では、特に下記の3点が重要です。
- 総論を典型的なパターンを応用してまとめられたか
- パラグラフを要約文で始めたか
- パラグラフを揃えて表現できたか

●ルール1：総論のパラグラフで始める

文章全体の総論は、非公式な文章なので、典型的なパターンを応用してまとめましょう。重要な情報を意味のある順に並べます。単純な階層構造なら、階層の総論を省略してもいいでしょう。

文章全体の総論は、典型的なパターンをベースに、2～3文でまとめましょう（下記参照）。

目的のパラグラフ	
現状または背景	省略（問い合わせがあった）
問題点または必要性	省略（顧客のニーズに応えるため）
目的	省略（2方式の差を説明する）
要約のパラグラフ	
結論や総括の文	お客様のニーズにあった方式をお買い求めください
重要な情報1	紙パック式は、低コストで、ゴミ捨てが簡単で、メンテナンスも最小限
重要な情報2	サイクロン式は吸引力に優れ、排気のにおいが気にならない

総論が1パラグラフで構成されるなら、結論や総括の文は、パラグラフの最後に述べることを考えましょう。この文章では、総論に目的のパラグラフは不要ですから、要約のパラグラフだけ、つまり総論が1パラグラフで構成されることになります。総論の典型的なパターンをそのまま使うと、結論や総括の文が文章全体の先頭になってしまうので、唐突すぎて違和感が出ます。そのような場合は、パラグラフの最後で述べることも考えましょう。パラグラフの最後は、もう1つの強調のポジションです。

重要な情報を意味のある順に並べ替えることを忘れてはいけません。この文章なら、2方式それぞれのメリットは、顧客にとって重要と思われる順に並べるべきでしょう。ただし、紙パック式とサイクロン式はどちらを先に説明してもかまいません。なぜなら、この2方式にはっきりとした優劣がないからです。

文書例では、階層の総論は省略しています。この文章は、厳密に言えば、方式説明の階層と特性説明の階層に分け、それぞれに階層の総論を置くべきです。しかし、ロジックがあまりに単純なので、階層構造にする必要性を強く感じません。また、方式説明の階層を作ったとして、その階層の総論は、「掃除機には、大きく紙パック式とサイクロン式の2方式がある」と述べるまでもないほど簡単です。特性説明の階層を作ったとして、その階層の総論は、文章全体の総論とほぼ同じで、繰り返して述べる意味を感じません。

●ルール2：1つのトピックだけを述べる

　総論で述べた重要な情報それぞれが、各論で、そのままの順番で、パラグラフで説明されていることを確認しましょう。1つのパラグラフは4〜8文程度が目安です。このパラグラフという固まりでロジックが流れていることが、一目で分からなければなりません（下記参照）。

- 紙パック式の基本原理
- サイクロン式の基本原理
- コスト
- ゴミ捨て
- メンテナンス
- 吸引力
- 排気

●ルール3：要約文で始める

　パラグラフの先頭文だけで、ロジックが分かるかを確認しましょう。 パラグラフの要約文が正しく書かれていれば、その要約文だけを拾い読みすることでロジックが分かるはずです（下記参照）。

- 紙パック式は、吸い込んだ空気を紙パックに通過させることで、ゴミと空気を分離します。
- サイクロン式は、吸い込んだ空気を竜巻状に回転させ、その遠心力で、ゴミと空気を分離します。
- 紙パック式の方が、一般的にトータルでは割安です。
- 紙パック式の方が、簡単に、かつ衛生的にゴミ捨てできます。

> ・紙パック式の方が、メンテナンスは簡単です。
> ・サイクロン式の方が、吸引力は優れています。
> ・サイクロン式の方が、排気はきれいです。

●ルール4：補足情報で補強する

　要約文の後には、そのトピックを、「どういう意味か」「なぜそう言えるか」「どれだけ重要か」という点から説明しましょう。たとえば、「紙パック式は、吸い込んだ空気を紙パックに通過させることで、ゴミと空気を分離します」と書いたら、「どういう意味か」という点から、紙パック式について詳しく述べます。「サイクロン式の方が、吸引力は優れています」と述べたら、「なぜそう言えるか」という点から、吸引力が強い理由やそのデータを説明します。

●ルール5：パラグラフを接続する

　各パラグラフがブロック図になるように接続しましょう。総論と各論がパラグラフでしっかり対応していることも大事です。

　文書例は、各論の各パラグラフは次ページの上図のように接続されています。全体としては、方式説明と特性説明が縦につながっています。方式説明の中で、紙パック式とサイクロン式が横に並んでいます。また、特性説明の中で、各特性が横に並んでいます。方式説明と特性説明は、それぞれ階層構造化してもいいでしょう。文書例では、あまりに単純な構造なので、あえて階層構造化していません。

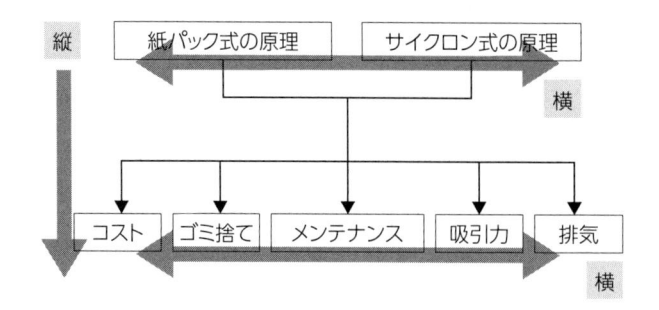

```
縦 │ ┌─────────────┐ ┌─────────────────┐
  │ │ 紙パック式の原理 │ │ サイクロン式の原理 │
  ↓ └─────────────┘ └─────────────────┘
                                              横
  ┌────┐ ┌──────┐ ┌────────┐ ┌────┐ ┌────┐
  │コスト│ │ゴミ捨て│ │メンテナンス│ │吸引力│ │排気 │
  └────┘ └──────┘ └────────┘ └────┘ └────┘
                                              横
```

総論と各論は、展開型（右図参照）で書かれているのが分かります。

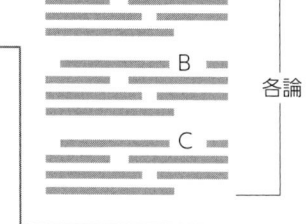

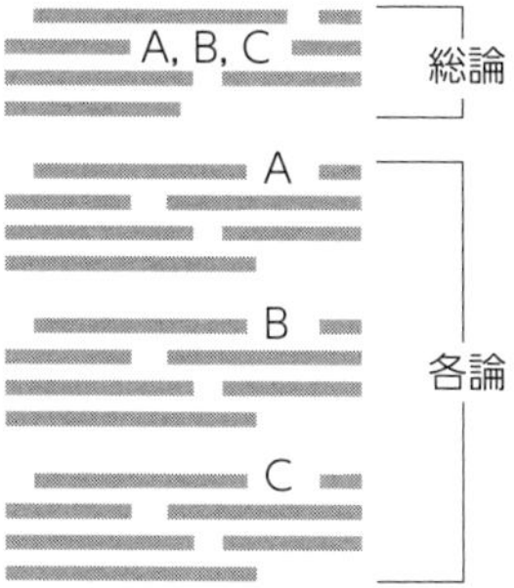

A, B, C ── 総論

A
B
C
── 各論

- 紙パック式は、低コストAで、ゴミ捨てBが簡単で、メンテナンスCの手間も最小限で済みます。
  一方、サイクロン式は吸引力Dに優れ、排気Eのにおいが気になりません。
- 紙パック式の方が、一般的にトータルでは割安Aです。
- 紙パック式の方が、簡単に、かつ衛生的にゴミ捨てBできます。
- 紙パック式の方が、メンテナンスCは簡単です。
- サイクロン式の方が、吸引力Dは優れています。
- サイクロン式の方が、排気Eはきれいです。

●ルール６：パラグラフを揃えて表現する

　並列しているパラグラフは、表現を揃えましょう。文書例では、「紙パック式の基本原理」と「サイクロン式の基本原理」の２つのパラグラフが、下記の項目で揃えてあります。

- 原理の概要
- ゴミ吸収の方法
- ゴミ捨ての方法

●ルール７：既知から未知でつなぐ

　各パラグラフの中で、文と文が既知から未知に流れていることを確認しましょう。たとえば、「ゴミ捨て」のパラグラフを検証してみると、既知から未知につながっていることが分かります。ちなみに、「紙パック式」と「サイクロン式」は、最初から既知の情報です。

- 紙パック式[A]の方が、簡単に、かつ衛生的にゴミ捨て[B]できます。
- 紙パック式[A]は、紙パックごとゴミ箱に捨てるだけです。
- 吸引したゴミ[B]を見ることも触ることもないので、虫を掃除機で吸引して退治するのにも適しています。
- サイクロン式[C]は、ダストカップを開けてゴミを捨てるので、ゴミに直接触れやすく[B]、時にはホコリが舞い上がることもあります。
- ゴミが直接目に留まる[B]ことをいやがるお客様もいらっしゃいます。

おわりに

　文章指導をしていると、「なぜ、日本では論理的な文章の書き方を、大学で指導しないのですか？」と質問されることがあります。私には2つの理由が考えられます。

　1つは、コミュニケーションを重視しない文化だからです。日本人は、もともと農耕民族（＝定住）であり、ほぼ単一民族なので、日本はハイコンテクスト文化と言われます。つまり、明確に伝達せず、相手の意図を察しあう文化です。そのため、明確に伝達することにあまり価値を置いていないのです。

　もう1つは、正しい書き方を指導されると困る人々が少なからずいるからです。大学で指導する立場にいても、文章の書き方を学んだことがない人が大半です。そういう人から見ると、正しい書き方を指導されると、自分がそういう書き方をしていない以上、指導者としての立場が怪しくなります。その結果、正しい書き方が普及することに対して抵抗勢力となります。

　本書が、現状を変える一助となれば幸いです。

　　　　　　　　　　　　　2012年11月吉日　倉島保美
　　　　　　　　　　URL：http://www.logicalskill.co.jp

索引

あ行

アカデミック・ライティング　34
アブストラクト　56

か行

階層　28
階層の総論　59
各論のパラグラフ　46
キーワード　107
起承転結　177
既知の情報　166
強調のポジション　42
結論のパラグラフ　46
項　29

さ行

受動態　173

章　29
世界標準　34
節　29
全体の総論　54
総論のパラグラフ　46
速読　77

た行

縦つながり　140
短期メモリ　36
段落　27
長期メモリ　36
テクニカル・コミュニケーション　35
テクニカル・ライティング　35
展開型　138, 175
統一型　175
トピック　26, 74

な行

認知心理学　36
能動態　173

は行

パラグラフ　26
引継型　137, 174
フレッシュマン・ライティング　34
プレゼンテーション　199
ブロック化　80
包含　149
補足情報　26, 114

ま行

未知の情報　166
メンタルモデル　39
目的のパラグラフ　54

や行

要約のパラグラフ　54
要約文　26, 96
横並び　140

ら行

レイアウト　26, 74
論文の総論　56

N.D.C.816　　225p　　18cm

ブルーバックス　B-1793

論理が伝わる 世界標準の「書く技術」
「パラグラフ・ライティング」入門

2012年11月20日　第 1 刷発行
2025年 4 月 3 日　第21刷発行

著者	倉島保美
発行者	篠木和久
発行所	株式会社講談社
	〒112-8001 東京都文京区音羽2-12-21
電話	出版　03-5395-3524
	販売　03-5395-5817
	業務　03-5395-3615
印刷所	(本文印刷) 株式会社新藤慶昌堂
	(カバー表紙印刷) 信毎書籍印刷株式会社
本文データ制作	株式会社フレア
製本所	株式会社国宝社

定価はカバーに表示してあります。
©倉島保美 2012, Printed in Japan
落丁本・乱丁本は購入書店名を明記のうえ、小社業務宛にお送りください。送料小社負担にてお取替えします。なお、この本についてのお問い合わせは、ブルーバックス宛にお願いいたします。
本書のコピー、スキャン、デジタル化等の無断複製は著作権法上での例外を除き、禁じられています。本書を代行業者等の第三者に依頼してスキャンやデジタル化することはたとえ個人や家庭内の利用でも著作権法違反です。

ISBN978－4－06－257793－9

発刊のことば

科学をあなたのポケットに

二十世紀最大の特色は、それが科学時代であるということです。科学は日に日に進歩を続け、止まるところを知りません。ひと昔前の夢物語もどんどん現実化しており、今やわれわれの生活のすべてが、科学によってゆり動かされているといっても過言ではないでしょう。

そのような背景を考えれば、学者や学生はもちろん、産業人も、セールスマンも、ジャーナリストも、家庭の主婦も、みんなが科学を知らなければ、時代の流れに逆らうことになるでしょう。

ブルーバックス発刊の意義と必然性はそこにあります。このシリーズは、読む人に科学的に物を考える習慣と、科学的に物を見る目を養っていただくことを最大の目標にしています。そのためには、単に原理や法則の解説に終始するのではなくて、政治や経済など、社会科学や人文科学にも関連させて、広い視野から問題を追究していきます。科学はむずかしいという先入観を改める表現と構成、それも類書にないブルーバックスの特色であると信じます。

一九六三年九月

野間省一

ブルーバックス　趣味・実用関係書(I)

35	計画の科学	加藤昭吉
733	紙ヒコーキで知る飛行の原理	小林昭夫
921	自分がわかる心理テスト	芦原睦/桂 戴作"監修
1063	自分がわかる心理テストPART2	芦原睦"監修
1073	へんな虫はすごい虫	安富和男
1084	図解 わかる電子回路	見城尚志/髙橋久
1112	頭を鍛えるディベート入門	加藤肇
1234	「分かりやすい表現」の技術	藤沢晃治
1245	子どもにウケる科学手品77	後藤道夫
1273	もっと子どもにウケる科学手品77	後藤道夫
1284	理系志望のための高校生活ガイド	鍵本聡
1307	理系の女の生き方ガイド	宇野賀津子/坂東昌子
1346	図解 ヘリコプター	鈴木英夫
1352	確率・統計であばくギャンブルのからくり	谷岡一郎
1353	算数パズル「出しっこ問題」傑作選	仲田紀夫
1364	理系のための英語論文執筆ガイド	原田豊太郎
1368	数学版 これを英語で言えますか？	E. ネルソン/保江邦夫"監修
1387	論理パズル「出しっこ問題」傑作選	小野田博一
1396	「分かりやすい説明」の技術	藤沢晃治
1413	制御工学の考え方	木村英紀
1420	『ネイチャー』を英語で読みこなす	竹内薫
1443	理系のための英語便利帳	倉島保美/榎本智子 黒木博"絵
1478	「分かりやすい文章」の技術	藤沢晃治
1493	「分かりやすい話し方」の技術	吉田たかよし
1516	計算力を強くする	鍵本聡
1520	競走馬の科学	JRA競走馬総合研究所"編
1536	図解 鉄道の科学	宮本昌幸
1552	計算力を強くするpart2	鍵本聡
1553	「計画力」を強くする	加藤昭吉
1573	手作りラジオ工作入門	加藤ただし
1596	理系のための人生設計ガイド	坪田一男
1623	「分かりやすい教え方」の技術	藤沢晃治
1629	計算力を強くする 完全ドリル	鍵本聡
1630	伝承農法を活かす家庭菜園の科学	木嶋利男
1653	理系のための英語「キー構文」46	原田豊太郎
1660	図解 電車のメカニズム	宮本昌幸"編著
1666	理系のための「即効！」卒業論文術	中田亨
1671	理系のための研究生活ガイド 第2版	坪田一男
1676	図解 橋の科学	土木学会関西支部"編 田中輝彦/渡邊英一"他
1688	武術「奥義」の科学	吉福康郎
1695	ジムに通う前に読む本 制御工学	桜井静香

ブルーバックス　趣味・実用関係書(Ⅱ)

- 1696 ジェット・エンジンの仕組み　吉中司
- 1707 「交渉力」を強くする　藤沢晃治
- 1725 魚の行動習性を利用する釣り入門　川村軍蔵
- 1773 「判断力」を強くする　藤沢晃治
- 1783 知識ゼロからのExcelビジネスデータ分析入門　住中光夫
- 1791 卒論執筆のためのWord活用術　田中幸夫
- 1793 「論理が伝わる」世界標準の「書く技術」　倉島保美
- 1796 「魅せる声」のつくり方　篠原さなえ
- 1813 研究発表のためのスライドデザイン　宮野公樹
- 1817 東京鉄道遺産　小野田滋
- 1847 論理が伝わる 世界標準の「プレゼン術」　倉島保美
- 1864 科学検定公式問題集 5・6級　桑子研/監修
- 1868 基準値のからくり　村上道夫/永井孝志/岸本充生
- 1877 山に登る前に読む本　能勢博
- 1882 「ネイティブ発音」を作る家庭菜園の科学　藤田佳信
- 1895 「育つ土」をつくる家庭菜園の科学　木嶋利男
- 1900 科学検定公式問題集 3・4級　桑子研/監修
- 1910 論理が伝わる 世界標準の「議論の技術」　倉島保美
- 1914 研究を深める5つの問い　宮野公樹
- 1915 理系のための英語最重要「キー動詞」43　原田豊太郎
- 1919 「説得力」を強くする　藤沢晃治

- 1926 SNSって面白いの?　草野真一
- 1934 世界で生きぬく理系のための英文メール術　吉形一樹
- 1938 門田先生の3Dプリンタ入門　門田和雄
- 1947 50ヵ国語習得法　新名美次
- 1948 すごい家電　西田宗千佳
- 1951 研究者としてうまくやっていくには　長谷川修司
- 1958 理系のための法律入門 第2版　井野邊陽
- 1959 理系のための論理が伝わる文章術　川辺弘一
- 1965 サッカー上達の科学　成清弘和
- 1966 図解 燃料電池自動車のメカニズム　村松尚登
- 1967 世の中の真実がわかる「確率」入門　小林道正
- 1976 不妊治療を考えたら読む本　浅田義正/河合蘭
- 1987 怖いくらい通じるカタカナ英語の法則 ネット対応版　池谷裕二
- 1999 カラー図解 Excel「超」効率化マニュアル　立山秀利
- 2005 ランニングをする前に読む本　田中宏暁
- 2020 「香り」の科学　平山令明
- 2038 城の科学　萩原さちこ
- 2042 日本人のための声がよくなる「舌力」のつくり方　篠原さなえ
- 2055 理系のための「実戦英語力」習得法　志村史夫
- 2056 新しい1キログラムの測り方　臼田孝
- 2060 音律と音階の科学 新装版　小方厚

ブルーバックス　趣味・実用関係書(Ⅲ)

2064	世界標準のスイングが身につく科学的ゴルフ上達法	板橋繁
2089	心理学者が教える　読ませる技術　聞かせる技術	海保博之
2111	作曲の科学	フランソワ・デュボワ 井上喜惟=監修 木村彩=訳
2113	ウォーキングの科学	能勢博
2118	道具としての微分方程式　偏微分編	斎藤恭一
2120	子どもにウケる科学手品 ベスト版	後藤道夫
2131	世界標準のスイングが身につく科学的ゴルフ上達法 実践編	板橋繁
2135	アスリートの科学	久木留毅
2138	理系の文章術	更科功
2149	日本史サイエンス	播田安弘
2151	「意思決定」の科学	川越敏司
2158	科学とはなにか	佐倉統
2170	理系女性の人生設計ガイド	大隅典子 山本佳世子
BC07	ChemSketchで書く簡単化学レポート　ブルーバックス12cm CD-ROM付	平山令明

ブルーバックス　生物学関係書 (I)

1073	へんな虫はすごい虫	安富和男
1176	考える血管	児玉龍彦／浜窪隆雄
1341	食べ物としての動物たち	伊藤宏
1391	ミトコンドリア・ミステリー	林純一
1410	新しい発生生物学	木下圭／浅島誠
1427	筋肉はふしぎ	杉晴夫
1439	味のなんでも小事典	日本味と匂学会=編
1472	DNA（上）	ジェームス・D・ワトソン／アンドリュー・ベリー　青木薫=訳
1473	DNA（下）	ジェームス・D・ワトソン／アンドリュー・ベリー　青木薫=訳
1474	クイズ　植物入門	田中修
1507	新・細胞を読む	山科正平
1528	新しい高校生物の教科書	栃内新　左巻健男=編著
1537	「退化」の進化学	犬塚則久
1538	進化しすぎた脳	池谷裕二
1565	これでナットク！植物の謎	日本植物生理学会=編
1592	発展コラム式　中学理科の教科書　第2分野〈生物・地球・宇宙〉	石渡正志　滝川洋二=編
1612	光合成とはなにか	園池公毅
1626	進化から見た病気	栃内新
1637	分子進化のほぼ中立説	太田朋子
1647	インフルエンザ　パンデミック	河岡義裕／堀本研子
1662	老化はなぜ進むのか　第2版	近藤祥司
1670	森が消えれば海も死ぬ	松永勝彦
1681	マンガ　統計学入門	アイリーン・V・マグネロ=文　ボリン・バン・ルーン=絵　神永正博=監訳　井口耕二=訳
1712	図解　感覚器の進化	岩堀修明
1725	たんぱく質入門	武村政春
1727	iPS細胞とはなにか	朝日新聞大阪本社科学医療グループ
1730	魚の行動習性を利用する釣り入門	川村軍蔵
1792	二重らせん	ジェームス・D・ワトソン　江上不二夫／中村桂子=訳
1800	ゲノムが語る生命像	本庶佑
1801	新しいウイルス入門	武村政春
1821	これでナットク！植物の謎Part2	日本植物生理学会=編
1829	エピゲノムと生命	太田邦史
1842	記憶のしくみ（上）	ラリー・R・スクワイア　エリック・R・カンデル　小西史朗／桐野豊=監修
1843	記憶のしくみ（下）	ラリー・R・スクワイア　エリック・R・カンデル　小西史朗／桐野豊=監修
1844	死なないやつら	長沼毅
1849	分子からみた生物進化	宮田隆
1853	図解　内臓の進化	岩堀修明